小学生文言文起步学习辅导

跟着王老师学文言文

王深根◎编著

了解文言文基础知识　掌握文言文学习方法

浙江工商大學出版社
ZHEJIANG GONGSHANG UNIVERSITY PRESS
·杭州·

图书在版编目(CIP)数据

跟着王老师学文言文：小学生文言文起步学习辅导 / 王深根编著. — 杭州：浙江工商大学出版社，2020.3

ISBN 978-7-5178-3687-2

Ⅰ.①跟… Ⅱ.①王… Ⅲ.①文言文—小学—教学参考资料 Ⅳ.①G624.203

中国版本图书馆 CIP 数据核字(2020)第 011295 号

跟着王老师学文言文——小学生文言文起步学习辅导

GENZHE WANGLAOSHI XUE WENYANWEN——XIAOXUESHENG WENYANWEN QIBU XUEXI FUDAO

王深根 编著

责任编辑 厉 勇

封面设计 雪 青

责任印制 包建辉

出版发行 浙江工商大学出版社

(杭州市教工路 198 号 邮政编码 310012)

(E-mail:zjgsupress@163.com)

(网址:http://www.zjgsupress.com)

电话:0571-88904980,88831806(传真)

排　　版 杭州朝曦图文设计有限公司

印　　刷 浙江全能工艺美术印刷有限公司

开　　本 787mm×1092mm 1/16

印　　张 7.5

字　　数 161 千

版 印 次 2020 年 3 月第 1 版 2020 年 3 月第 1 次印刷

书　　号 ISBN 978-7-5178-3687-2

定　　价 22.00 元

浙江工商大学出版社营销部邮购电话 0571-88904980

写给小朋友的话

这本《跟着王老师学文言文——小学生文言文起步学习辅导》，是王老师为帮助你们在文言文起步学习阶段，扎扎实实打好基础而特地编写的。

本书内容全面，凡文言文起步学习所需要阅读积累的文言文，需了解的文言文基础知识，需学习并逐步掌握的文言文学习方法，你们都可以从书里学到。

在体例上，本书根据小学生学习文言文的规律与需要，分成走进文言文、学习朗读文言文、了解文言文的文字、了解文言文的词语、了解文言文的句子、学习翻译文言文、了解小学的文言文考查和走进初中的文言文学习八个单元。这样安排，让你们的学习、训练清晰有序，主题集中，有利于你们一步一个脚印，扎扎实实地学习。

此外，本书还有四个方面是与众不同、别具特色的：一是书中的小常识简洁、通俗易懂地介绍了小学生学习文言文的目的、意义、具体要求及需要小学生了解、学习的文言文基础知识和学习方法。这些知识对你们学好文言文意义甚大；二是在训练方法上，将文言文的阅读实践和文言文知识、学习方法结合起来，这使得训练更科学、效果更好；三是全书八个单元，有六个单元的文言文都用“/”标出了句中的停顿。这解决了小学生初读文言文，不知句子如何停顿的难题；四是书中的文言文，除有注释、译文外，还归纳了文章主题。这有助于你们理解文言文的思想意义，培养正确的价值取向。

小朋友，小学文言文起步阶段的学习十分重要，请大家务必重视。相信本书会是你们的好帮手，助你们赢在文言文学习的起跑线上。

你们的大朋友王深根

2019年6月13日

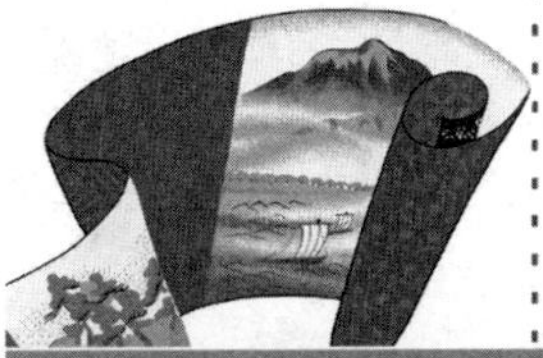

目录

第一单元

走进文言文

一、学习目标

1.了解什么是文言文。

2.了解小学生学习文言文的要求和读好一篇文言文的基本标准。

3.学习怎样阅读文言文的注释、译文,理解文言文的主题。

4.学习怎样背诵文言文。

5.阅读十三篇文言短文,背诵《上善若水》《为无为》,完成各类练习。

二、单元学习提示

本单元有九篇小常识、十三篇文言文和相关练习三部分内容。着重帮助小朋友认识文言文,了解小学生学习文言文的要求、方法和基本技能。

单元中的文言文,要求小朋友阅读、积累,大致理解内容。文中"/"是句中的停顿标志,朗读时可据此停顿。

单元中介绍文言文基础知识的小常识,请认真阅读、了解。

单元中的各类练习,是为落实小常识和理解文言文编排的,请独立完成。

什么是文言文?

文言文是中国古代(1840 年以前称古代)的一种书面语言。文言文的第一个“文”,意思是书面文章,也就是指修饰过的语言。言,是写、表达、记载的意思。第二个“文”,是作品、文章的意思,表示的是文章种类。文言文也叫语体文,它是与白话文相对而言的。在我国古代,所有文章都是用书面语言写成的。所以,现在一般将古文都称为“文言文”。

文言文是现代汉语的源头,在中国历史上用了两三千年,与古代诗、词一样,也是我国的优秀传统文化之一。

一、文言文阅读积累

盘古/开天地①

天地/混沌②/如鸡子③,盘古/生其中。万/八千岁,天地/开辟,阳清④/为天,阴浊⑤/为地。盘古/在其中,一日/九变⑥,神于⑦天,圣于地。天/日高一丈,地/日厚一丈,盘古/日长⑧一丈,如此/万/八千/岁。天数/极高,地数/极深,盘古/极长,后/乃有/三皇。

(选自《三五历纪》)

【注释】①盘古开天地:盘古开天辟地,指开始有人类历史。盘古:古代传说中一个顶天立地的巨人。②混(hún)沌(dùn):传说中未开天辟地前到处模糊一团的景象。③鸡子:鸡蛋。④阳清:清而轻的阳气。⑤阴浊(zhuó):混浊、沉重的阴气。⑥九变:多次变化。九虚指,极言多。⑦于:表示比较。⑧日长(zhǎng):每天增长。

【译文】(开天辟地以前),天和地混混沌沌,像个鸡蛋一样,盘古就出生在这当中。过了一万八千年,天地分开了,清而轻的阳气上升为天,浊而重的阴气下沉成为地。盘古在天地中间,一天中有多次变化,比天、地都要神圣。天每日升高一丈,地每日增厚一丈,这样又过了一万八千年,天升得非常高,地沉得非常深,盘古也长得非常高大,因此天距离地有九万里。

【主题】这是一个有关天地是怎样形成的神话故事,赞美了盘古为人类勇于开天辟地的献身精神。

二、基础专题训练

1. 给带点字注上正确的读音，再读一读。

阴浊（ ）　　盘古日长（ ）一丈

混（ ）沌（ ）　　《太平御（ ）览》

2. 下列说法中，对的打“√”，错的打“×”。

(1)用书面语言写成的文章叫文言文。（ ）

(2)文言文也叫白话文。（ ）

(3)《夸父逐日》是一篇文言文。（ ）

(4)“文言文”中的“言”，是写、表达、记载的意思。（ ）

(5)盘古开天辟地前，天地混沌，像个鸡蛋。（ ）

(6)天和地分开，用了一万八千年。（ ）

3. 你读过文言文吗？请把读过的文言文的题目写下来。

我读过的文言文有：________________________________

____

小学生为什么要学习文言文？

1.文言文是中华民族语言的源头。作为小学生，学习和传承本民族的语言文化，既是继承和发扬民族语言文化的需要，也是义不容辞的责任。

2.文言文文字简洁，遣词造句规范、严谨，写作技巧炉火纯青，是小学生学习书面语言的范本之一。借助文言文的学习，能切实、显著提升小学生的语文综合素养。

3.我国古代的全部文化，如历史、地理、军事、科技等，都是用文言文记录的。所以学习文言文，就是在学习、了解中华民族的古代文明，这无疑有助于增进小学生的民族自信、文化自信，培植爱国主义情感。

4.统编版语文教材里增加了文言文的比例，而现在不少中学生文言文学习困难，成绩差，原因之一就是读小学时没能打好基础。所以，安排小学生进行系统、规范的文言文基础训练，十分有必要。

一、文言文阅读积累

女娲[1]/补天

往古[2]/之时，四极[3]/废，九州/裂[4]，天/不兼覆[5]，地/不周载[6]。火/爁炎[7]/而不灭，水/浩洋[8]/而不息。猛兽/食/颛民[9]，鸷鸟[10]/攫[11]/老弱。

于是/女娲/炼五色石/以补苍天，断/鳌[12]足/以立四极，杀/黑龙/以济冀州[13]，积/芦灰/以止淫水[14]。

苍天/补，四极/正，淫水/涸[15]，冀州/平，狡虫/[16]死，颛/民生。

（选自《淮南子》）

【注释】①女娲(wā)：神话传说中的人物。②往古：遥远的古代。③四极：传说中支撑天的四根柱子。④裂：崩裂。⑤天不兼(jiān)覆(fù)：天体塌落而不能盖住四方。⑥地不周载：大地不能容载万物。⑦火爁(làn)炎(yàn)：大火蔓延的样子。⑧浩洋：大水泛滥的样子。⑨颛(zhuān)民：善良的人民。⑩鸷(zhì)鸟：凶猛的鸟。⑪攫(jué)：用爪抓取。⑫鳌(áo)：海里的大鱼。⑬以济(jì)冀州：用来帮助冀州。济：帮助。冀州：今河北、山西等地区。⑭淫(yín)水：泛滥横流的水。⑮涸(hé)：干枯。⑯狡虫：凶猛的禽兽。

【译文】上古的时候，天的四边倾覆，大地崩塌，天不能把大地全覆盖，地不能容载万物，大火烧不灭，洪水泛滥不消退，猛兽吞食善良的人们，凶猛的鸟用爪抓取老弱。于是女娲炼五色石补天，折断鳌的四肢把天的四极立起来，杀黑龙来拯救冀州，积芦苇的灰烬来抵御洪水。天得以修补，四柱得以直立，洪水干枯，冀州太平，凶猛的鸟兽死去，善良的百姓生存下来。

【主题】《女娲补天》是个神话故事，主要反映和赞扬了女娲勇敢、善良的品质以及不怕危险、乐于奉献的精神。

二、基础专题训练

1. 读一读，读准加点字的字音。

兼覆(fù)　水爁(làn)　炎(yàn)　颛(zhuān)民　鸷(zhì)鸟
攫(jué)老弱　女娲(wā)　鳌(áo)足　淫水涸(hé)　冀(jì)州

2. 下列说法中，对的打"√"，错的打"×"。

(1)学习文言文，能帮助小学生提高语文综合素养。　(　　)
(2)小学生学习文言文，是传承中华民族语言文化的需要。　(　　)
(3)反正初、高中还要学习文言文，所以小学生学不学文言文，都没关系。　(　　)
(4)女娲是用五色石补天的。　(　　)
(5)《女娲补天》是个神话故事。　(　　)

3. 女娲为什么要补天？请在文中找出相关的句子，用"～～～"画出来。

小学生学习文言文的要求是怎样的?

根据课标和现行的小学语文教材,小学生文言文起步学习要达到的要求如下:

1. 阅读一定数量短小、浅近的文言文,对文言文有初步的认识与了解。

2. 背诵一定数量短小、浅近的文言文,有一定的阅读积累。

3. 了解文言文的一些基础常识,知道一些基本的学习方法。

4. 能读短小、浅近的文言文,且能基本做到不读破句,读出句子语气,读得较为流畅。

5. 能借助注释,大致理解词句意思和文章内容。

6. 大致理解或说得出一篇短小、浅近文言文的主题。

一、文言文阅读积累

精卫/填海

发鸠①/之山,其上/多/柘木②,有鸟焉③,其状/如乌④,文首⑤/白喙⑥,赤足⑦,名曰/"精卫",其鸣/自詨⑧。是⑨炎帝/之少女,名曰/女娃。女娃/游/于东海,溺⑩而/不返,故/为精卫。常/衔西山之/木石,以堙⑪/于东海。

(选自《山海经》)

【注释】①发鸠(jiū):传说中的山名。②柘(zhè)木:柘树。③焉(yān):于此,在这里。④状如乌:形状像乌鸦。⑤文首:头上有花纹。文,同"纹"。⑥喙(huì):鸟嘴。⑦赤足:红色的脚。⑧其鸣自詨(jiào):它的叫声像是在呼唤自己的名字。⑨是:这,此。⑩溺(nì):淹死。⑪湮(yān):填塞。

【译文】有座山叫鸠山,山上有很多柘树。树林里有一种鸟,形状像乌鸦,头上有花纹,白的嘴,名叫精卫。它的叫声像在呼唤自己的名字,这是炎帝的小女儿女娃。女娃去东海玩,溺水而亡,再没回来,所以化为精卫鸟,经常叼着西山的树枝和石块,用来填塞东海。

【主题】《精卫填海》是一个神话故事,现在成了成语,主要用来比喻和赞扬意志坚定、不畏艰难和锲而不舍的精神。

二、基础专题训练

1. 下列说法中，对的打“√”，错的打“×”。

(1)小学生学习文言文，只要求能读，不要求了解文章内容。 (　　)

(2)小学生应当阅读、积累一定数量的文言文。 (　　)

(3)小学生学会背一些文言文，也是课标要求之一。 (　　)

(4)精卫鸟的样子像乌鸦。 (　　)

(5)“溺而不返”这一句是说女娃淹死在海里，再也没有回来。 (　　)

2. 给下列带点的字注上正确的拼音，再读一读。

发鸠(　　)之山　　柘(　　)木　　有鸟焉(　　)

白喙(　　)　　其鸣自詨(　　)　　溺(　　)而不返

常衔(　　)西山之木　　堙(　　)于东海

3. “精卫填海”反映了精卫的什么精神？(　　)

A. 热爱劳动　　B. 不达目的誓不罢休　　C. 对大海的仇恨

小学生读好一篇文言文的标准是什么?

根据课标和现行小学语文教材,小学生读好一篇简短、浅显文言文的标准如下:

1.基本上能做到读准字音,包括读准多音字的字音和文中已标出读音的异读字的字音。

2.朗读时,不读破句,句子中的停顿大致恰当。

3.初步能做到读出句子的语气。

4.能利用注释或工具书,说得出文中词语的大致意思。

5.能把较浅显的文言文句子,翻译成白话文。

6.能说出一篇简短、浅显文言文的主要内容和所说明的道理。

一、文言文阅读积累

后羿/射日①

逮至/尧②/之时,十日/并③出,焦/禾稼④,杀/草木,而/民无所食。尧/命羿/射十日,中⑤/其九日。日中九乌⑥/尽死,堕⑦其/羽翼⑧,故⑨/留其一日也。万民/皆⑩喜,置尧/以为天子⑪。

(选自《淮南子》,有删改)

【注释】①后羿(yì)射日:传说后羿是夏王太康时东夷族首领,是著名的射箭手。②尧:传说中上古帝王名。③并:一起、一同。④禾稼:禾苗、庄稼。⑤中(zhòng):射中。⑥乌:传说中太阳里一种有三只脚的鸟。后人也用“乌”指代太阳。⑦堕(duò):掉落。⑧羽翼:翅膀。⑨故:因此。⑩皆:都。⑪天子:帝王。

【译文】尧统治的时候,有十个太阳一起出现。晒死了庄稼,晒死了花草树木,老百姓连吃的东西都没有。于是尧命令后羿射掉十个太阳。(后羿)射中其中九个。射中的太阳里的九只乌都死了,它们的羽翼都掉了,(后羿)因此留下其中的一个。百姓都非常开心,推举尧为天子。

【主题】这个神话故事表现了后羿的神勇和为民除害的精神,同时也反映了古代劳动人民战胜自然灾害、追求美好生活的愿望。

二、基础专题训练

1. 下列说法中，对的打“√”，错的打“×”。

(1)不读破句，是小学生读好文言文的要求之一。（　　）

(2)小学生只要求能口头翻译文言文的句子。（　　）

(3)对小学生来说，读了一篇短文，文中的词语并不要求全都了解。（　　）

(4)“中其九日”的“中”读“zhòng”，是“射中”的意思。（　　）

(5)后羿是尧以前著名的射箭手。（　　）

2. 按要求从文中找出相关的句子，并写下来。

(1)后羿射日以前，“十日并出”时天下是怎样的？

____

(2)后羿射掉九日以后，老百姓的心情怎样？

____

小学生的文言文学习，怎样才能起好步？

小学生的文言文学习，要起好步，应从以下几方面努力。

1. 要有学习文言文的兴趣，明白学习文言文的目的、意义和重要性。

2. 不要怕难，要有学好文言文的信心。

3. 不可急于求成，要求不用太高，暂时理解不了、掌握不了的，可以慢慢理解，逐步掌握。

4. 碰到不懂的问题，要随时向别人虚心请教，要备好文言文学习的工具书，并养成勤用工具书的习惯。

5. 学习，贵在坚持。要坚持常常学，一点点积累，一步步提高。

6. 既要重视文言文的阅读训练，也要重视了解和积累文言文的基础常识，要把阅读文言文和了解文言文的基础知识结合起来。

7. 努力多读、多背一些简短、浅显的文言文，不断丰富文言文的阅读积累。

一、文言文阅读积累

嫦娥①/奔月

羿②/请③/不死之药/于西王母④，托与/嫦娥。逢蒙⑤/往而窃之，窃之/不成，欲/加害嫦娥。娥/无以为计，吞/不死药/以升天。然/不忍离羿而去，滞留/月宫⑥。广寒⑦/寂寥，怅然/有丧，无以/继之，遂/催吴刚⑧/伐桂，玉兔/捣药，欲/配飞升之药，重回/人间焉。

（选自《淮南子》）

【注释】①嫦娥：中国古代神话中的人物，羿的妻子。②羿：传说中夏朝时的一个部落首领，善于射箭。③请：求。④西王母：神话中的仙人。⑤逢（páng）蒙：传说中夏朝时部族首领，也善于射箭。⑥滞留月宫：停留在月宫。⑦广寒：即月宫。⑧吴刚：神话传说中住在月宫里的仙人。

【译文】羿从西王母那里求来长生不死的药，交托嫦娥保管。逢蒙（听说后）前去偷窃，偷窃不成，想杀害嫦娥。嫦娥想不出办法，只好吞下这不死之药飞到了天上。可是又不愿离开羿，便停留在月宫里，月宫冷清、寂寞。（嫦娥）茫然若失，觉得难以再这样下去，就催吴刚砍伐桂树，让玉兔捣药，想配成能（让她）飞升的药，以便重新回到人间。

【主题】这个神话故事，通过嫦娥奔月这件事，体现了我国古代人民对自然的好奇和奇特的想象。

二、基础专题训练

1. 下列说法中，对的打“√”，错的打“×”。

(1)小学生应当明确学习文言文的目的、意义。 (　　)

(2)学习文言文，了解一些文言文的基础知识，也是很重要的。 (　　)

(3)小学生应当有学好文言文的信心。 (　　)

(4)因为嫦娥想成为月宫里的仙人，所以“吞不死之药升天”奔月。 (　　)

2. 参考译文，解释下列两个词语的意思。

怅然有丧：________________

无以继之：________________

怎样阅读文言文的注释？

注释，就是用文字来说明、解释。学会充分利用注释是小学生学好文言文的基本功之一。具体应注意：

1. 在阅读文言文时，看到文中有注释的词句，不要急着去查注释，而要先想一想，想过以后再去查注释。这样能逐步提高独立阅读文言文的能力。

2. 查阅注释要讲究方法，即要按注释序号去查，不要盲目乱查，以减少查阅时间。

3. 查到注释后，宜采用看的方式，即采用默读或轻声读的方式，这样更有利于理解和记忆。

4. 查阅注释要细心，边看边思考，如查注释后还有不理解的字、词，应继续查阅其他工具书，不能依赖注释解决所有问题。

5. 不要把注释当作孤立的内容来读，要把注释的内容放回原文的语境中，以更好地利用注释来加深对原文内容的理解。

一、文言文阅读积累

钻木/取火

太古/之初，人/吮①露精②，食/草木实，山居/则/食鸟兽，衣/其羽皮④，近水/则食/鱼鳖蚌蛤，未有/火化③，腥臊/多，害/肠胃。于是/有圣人出，以火/德王⑤，造作/钻燧⑥出火，教人/熟食，铸金/作刃⑦，民人/大说⑧，号曰/燧人⑨。

（选自《古史考》）

【注释】①吮（shǔn）：吮吸。②露精：自然界的雨露，天地的精华。③衣其羽毛：穿羽毛衣和野兽皮。衣：穿。④未有火化：还不知道用火把食物烧熟。⑤以火德王：因发明了火而被人们推举为王。⑥钻燧（suì）：创造出钻燧来，引出火苗。燧：上古取火的器具。⑦刃（rèn）：刀。⑧说：通"悦"，读 yuè，高兴。⑨燧人：神话传说中火的发明者。

【译文】远古的时候，人们吮吸自然雨露，天地精华，吃草木的果实，住在山里就吃飞鸟与野兽，穿羽毛衣服和野兽皮。住在水边就吃鱼鳖蚌蛤，（人们）还不知道用火把食物烧熟。因此食物多腥臊，损害了肠胃。因此出现了一位圣人，（他）因为发明了火而被人们推举为王。（他）创造出用钻燧引出火苗，教人们吃烧熟了的食物，用铸造金属来制作刀，人们非常高兴，称呼（他）为“燧人”。

【主题】这个神话故事，反映和赞美了燧人的智慧和聪明，发明了钻木取火，给人们带来了幸福。

上善/若水

上善[1]/若水[2]，水/善利[3]万物/而不争。处[4]/众人/之所恶[5]，故/几于道[6]。居/善地，心/善渊[7]，与[8]/善仁[9]，言/善信，政/善治，事/善能，动/善时[10]。夫[11]/唯不争，故/无尤[12]。

（选自《道德经》）

【注释】①上善：最高境界的善行。上：最。善：善良，好。②若：像。③善利：善于帮助。善：善于。利：帮助。④处：处于。⑤恶（wù）：厌恶，憎恨。⑥几于道：接近于道。几：乎，接近。⑦渊：沉静。⑧与：与别人相处。⑨善仁：指有修养的人。⑩时：把握有利的时机。⑪夫：发语词，不译。⑫尤：罪过，善行。

【译文】最高境界的善行像水一样，水善于滋润万物但不与万物相争，处在众人所不喜欢的地方，所以最接近道。处于最善的地方，心胸善于平静、深远，待人善于仁厚，言语善于真诚、守信，为政善于治理，办事善于发挥特长，行动善于把握好时机。这些最高境界的人正因为有这些不争的美德，所以就没有过失。

【主题】这段话用水性比喻有高尚品德的人格，是对“上善”人品格的赞美和推崇。

二、基础专题训练

1.读一读带点字，注意读准字音。

吮（shǔn）露精　　腥（xīng）臊（sāo）　　鱼鳖（biē）

刀刃（rèn）　　燧（suì）人　　众人之所恶（wù）

2.朗读《钻木取火》《上善若水》，注意读准字音，按“/”标志在句中适当停顿。

3.认真阅读《钻木取火》和《上善若水》文后的注释，按要求答题。

（1）《钻木取火》共有几个注释？第⑥个注释是用来解释哪个词语的？

____

（2）《钻木取火》的注释告诉我们，文中的“衣其羽毛”的“衣”字是什么意思？

____

（3）根据《上善若水》第⑨个注释，“善仁”是指什么。

____

4.背诵《上善若水》。

怎样阅读文言文的译文？

小学生阅读文言文的译文，须注意：

1.要先读文言文，再看译文。因为译文是由文言文翻译过来的，读译文的目的是理解文言文。如果不看文言文直接读译文，就不知道译文的出处，这样孤立地读译文，对理解文言文所起的作用会很有限。

2.译文要和文言文结合起来读，也就是宜边读文言文边读译文，想一想每一句文言文及句中的每一个词，翻译后分别是什么意思，让文言文和译文一一对上号。这样逐词逐句对照着读，不但能避免文言文和译文理解上的张冠李戴，而且读过的内容记得更牢，不容易遗忘。

3.读译文，要有明确的目的。比如你想通过译文，了解文言文的主要内容，或者不理解某些词句的意思，想去看看译文是怎么说的，这样带着问题去读译文，目的明确，有的放矢，效果更好。

一、文言文阅读积累

夸父/逐日[①]

夸父/与日逐走[②]，入日[③]；渴，欲/得饮[④]，饮于/河、渭[⑤]；河、渭/不足，北/饮大泽[⑥]。未至[⑦]，道渴/而死[⑧]。弃/其[⑨]杖，化为/邓林[⑩]。

（选自《山海经》）

【注释】①夸父逐日：夸父追赶太阳。②逐走：赛跑。逐：追赶。走：跑。③入日：追赶到太阳落山的地方。④欲得饮：想要喝水解渴。欲，想。⑤河、渭：黄河、渭水。⑥大泽：传说中北方的大湖。⑦至：到。⑧道渴而死：半路上口渴而死。⑨其：他，指夸父。⑩邓林：桃林。

【译文】夸父与太阳赛跑，一直追赶到太阳落下的地方；他很渴，想喝水，就到黄河、渭水喝水；黄河、渭水的水不够喝，又到北方的大湖喝水。还没赶到大湖，半路上（夸父）就渴死了。他遗弃的手杖，化作了桃林。

【主题】这个神话故事表现了夸父的勇敢、执着。说明夸父是一位有理想、有抱负，敢于为理想牺牲的人物。

神农/化民[①]

古之人民/皆食[②]/兽禽肉，至于[③]/神农，人民/众多，禽兽/不足，于是/神农/因/天之时[④]，分/地之利，制/耒耜[⑤]，教民/劳作。神而化之[⑥]，使/民易之，故/谓神农也。

（选自《白虎通义》）

【注释】①神农化民：神农教化百姓。神农：传说中农事和医药的发明者。化：教化，教育感化，使思想行为等发生改变。②食：吃。③至于：到了。④因天之时：顺应天时。⑤耒(lěi)耜(sì)：古代一种犁田地的农具，也用作农具的统称。⑥神而化之：神农感化了他们。神：神农。之：指百姓。

【译文】上古时候人们都吃鸟兽的肉；到了神农时期，人多了，鸟兽肉不够吃了。于是神农顺应天时，根据各地的条件制作农具，教人们从事农业劳作。在神农的教化使人们改变了生活习惯，所以(人们)称(他)为神农。

【主题】这个神话故事写了神农制作农具、教民农耕的功绩，表现了神农的聪明才智和乐于奉献的精神。

二、基础专题训练

1. 朗读《夸父逐日》《神农化民》。注意读准“耒(lěi)、耜(sì)”两个生字的字音，按“/”标志在句中适当停顿。
2. 认真阅读《夸父逐日》《神农化民》的译文，按要求答题。

(1)找出下列句子的译文并写下来。

①使民易之：________________

②渴，欲得饮：________________

(2)找出相应的文言文词句并写下来。

①还没赶到太湖，半路上就渴死了。

____

②人多了，鸟兽肉不够吃了。

____

(3)用文中的原句回答问题。

①上古时候的人们都吃什么？

____

②夸父遗弃的手杖变成了什么？

____

怎样理解文言文的主题?

文言文的主题,就是文章的中心思想,也就是作者通过这篇文言文,所要说明的道理、要表达的观点、看法,等等。

小学生读文言文,不但要了解文章写了什么,还要认识和了解文章告诉我们什么,或者表现了什么、赞扬了什么、讽刺了什么、批评了什么等。只有理解了文章的主题,才能在提高语文素养的同时,使自己在思想认识上也有所收获。不过,要理解文言文的主题,首先得读懂文章内容。如写事的,要搞清写什么事;写人的,要了解写了哪些言行。总之,只有知道该篇文章写了什么,然后才能归纳出文章的主题来。

一、文言文阅读积累

女娲[1]/造人

俗说/天地开辟,未有/人民,女娲/抟[2]黄土/作人。剧务[3],力/不暇[4]供,乃[5]/引绳/于泥中,举/以为人。故/富贵者,黄土人也;贫贱/凡庸者[6],絙人也。

(选自《风俗通义》)

【注释】①女娲(wā):古代神话传说中的女神。②抟(tuán):团弄,这里指把泥捏弄成团。③剧务:忙碌劳作。④暇(xiá):空闲。⑤乃:于是,就。⑥庸(yōng)者:平庸的人。⑦絙(gēng):粗绳索。

【译文】民间传说,开天辟地的时候,大地上并没有人类,是女娲捏弄黄土造出了人。女娲又忙又累,没有闲暇,但还是无法满足世上的需要。于是她就把一条绳子扔入泥浆中,再举起绳子一挥,洒落的泥浆就成了一个个人。所以说富贵的人是女娲亲手抟弄泥团做成的,而贫贱的人是女娲甩绳子洒落的泥浆变成的。

【主题】这个神话故事,表现了被称为“人类之母女神”女娲的智慧、勤劳和伟大,从中也反映出古人对人类自身来源的好奇和探索。文中有关造成人类富贵和平庸缘由的说法,限于古人的认识所致。

共工/怒触/不周山[1]

昔者[2],共工/与颛顼[3]/争为[4]帝,怒/而触[5]/不周之山,天柱/折,地维/绝[6]。天倾[7]/西北,故/日月星辰/移焉[8];地/不满东南,故/水潦[9]/尘埃[10]/归[11]焉。

（选自《淮南志》）

【注释】①共工怒触不周山：共工，传说中的部落领袖，炎帝的后裔。触：碰、撞。不周山：山名，传说在昆仑西北。《山海经·大荒西经》载："大荒之隅，有山而不合，名曰不周"。文题的意思是：共工发怒，用头撞击不周山。②昔者：从前。③颛顼(zhuān xū)：传说中的五帝之一，黄帝的后裔。④为：做。⑤触：撞击。⑥天柱折，地维绝：支撑天的柱子折了，系挂地的绳子断了。古人认为天圆地方，天有八根柱子支撑，地的四角有大绳系挂。维：绳子。绝：断。⑦倾：倾斜。⑧焉：代词，这，这里。⑨水潦(lǎo)：泛指江湖流水。潦：积水。⑩尘埃：尘土，这里指泥沙。⑪归：汇集。

【译文】从前，共工和颛顼争做皇帝，共工战败后，愤怒地用头去撞不周山。于是，支撑天的柱子折了，系挂地的绳子断了。天向西北方向倾斜，所以日月星辰都朝西北方向移动；大地的东南塌陷了，所以江河泥沙朝东南方向流去。

【主题】本文记叙了共工与颛顼争帝失败，怒而触不周山一事，表现了共工不甘失败的斗争精神，体现了远古劳动人民探索宇宙奥秘的强烈愿望与勇敢求索的精神。

二、基础专题训练

1. 读一读，读准带点字的字音。

抟(tuán)黄土　　力不暇(xiá)供　　庸(yōng)者

絙(gēng)绳　　颛(zhuān)顼(xū)　　水潦(lǎo)

2. 朗读《女娲造人》《共工怒触不周山》，注意读准生字字音，按"/"标志在句中适当停顿，不读破句。

3. 下列说法中，对的打"√"，错的打"×"。

(1)文言文的主题，就是文言文所要表达的观点、看法以及所要说明的道理等。（　　）

(2)文言文的主题，是通过人物的言行来反映或体现的。（　　）

(3)小学生学习文言文，不但要了解文言文的内容，还应了解文言文的主题。（　　）

(4)文言文的主题就是文言文的内容。（　　）

4.《女娲造人》的主题是：____

____。

怎样背诵文言文?

小常识九

让小学生学习的文言文，常常要求背下来。但背诵文言文，不能死记硬背，而要讲究方法。下面几种方法，有助于同学们顺利背诵：

1.一边背诵，一边口头翻译，即自己背一句，再把这句口头翻译一下。这种背诵方法，把记忆和理解结合起来，背诵的效果较好。因为理解了的东西更容易记住。

2.认认真真地把文章抄写一遍，即通过抄写来帮助记忆。抄写时，可以边抄写，边轻声读，这样能加深印象，有利于记忆。此外，也可以看一句抄一句，或凭记忆抄写，记不起来再看原文抄写。

3.第三种方法是把一篇文章分成几个部分来背诵。也就是读熟一部分，背诵一部分。用这种方法来背诵的好处是，心理压力小，精神放松，背诵效果较好。

4.背诵要在熟读的基础上进行，不可还没读熟，就急于背诵。这样往往事倍功半。此外，还要有强烈的记忆意识。记忆意识越强，通常就越能记住。

一、文言文阅读积累

矛与盾

楚人/有/鬻①/盾②与矛③者，誉④之/曰⑤："吾⑥盾/之坚⑦，物/莫⑧能陷⑨也。"又/誉其矛/曰："吾矛/之利⑩，于物/无不陷也。"或⑪曰："以/子⑫之矛，陷⑬/子之盾，何如⑭?"其人/弗⑮能应⑯也。夫⑰/不可陷之盾/与无不陷之矛，不可/同世而立。

（选自《韩非子·难一》）

【注释】①鬻(yù)：卖。②盾：古代作战时用来防身、抵挡敌人兵器的器具。③矛：古代兵器，在长杆的一端装有青铜或铁制成的枪头。④誉：夸耀。⑤曰：说。⑥吾：我的。⑦坚：坚固。⑧莫：没有。⑨陷：穿透。⑩利：锋利。⑪或：有的(人)。⑫子：古代对对方的尊称，你。⑬陷：刺。⑭何如：如何、怎么样。⑮弗：不。⑯应(yīng)：回答。⑰夫：发语词，不译。

【译文】楚国有一个卖盾和矛的人，夸耀他的盾说："我的盾很坚固，没有什么东西能刺透(它)。"又夸耀他的矛说："我的矛很锋利，没有什么东西是它刺不穿的。"有人说："用你的矛刺你的盾，会怎么样呢?"那个人不能回答了。什么都刺不穿的盾与什么东西都能刺穿的矛，是不可能同时存在于这个世上的。

【主题】这则寓言故事现在演化成了互相矛盾这个成语，比喻一个人说话、做事前后矛盾，互相抵触。它告诫人们说话、办事要实事求是，不能前后矛盾。

为无为

为/无为，事/无事，味/无味。大小多少，报怨/以德[①]。图[②]难/于其易，为大/于其细。天下/难事，必/作于易，天下大事/必作/于细。是/以圣人[③]/终不为大，故/能成其大。

（选自《道德经》[④]）

【注释】①报怨以德：即“以德报怨”，用德来报答怨恨。②图：希望得到。③圣人：道德高尚的人。④《道德经》：又称《老子》，传说为老子所著。老子：姓李名耳，字伯阳，春秋时期人，哲学家、思想家。后人称他为“老子”。

【译文】用“无为”的态度去作为，用“无事”的方式去做事，把平淡无味当作有味。把大的当作小的，把多的看成少的，用德来报答怨恨，想解决难事要从容易的地方入手，想成就大事应从细小的地方做起；天下的难事，须从细微处考虑。正因为圣人始终不盲目追求大的贡献，所以才做成了大事。

【主题】这段话提醒人们，要想有所作为，须有顺应自然的态度。无论做什么事，都是由小到大，由少到多，由易到难的。

二、基础专题训练

1. 朗读《矛与盾》《为无为》，注意读准生字和字音，按“/”标志在句中适当停顿，不读破句。
2. 借助《矛与盾》和《为无为》的注释，解释带点词的意思。

（1）物莫（　　　　　　）能陷（　　　　　　）也

（2）吾（　　　　　　）矛之利（　　　　　　）于物无不陷也

（3）图（　　　　　　）难于其易，为大于其细

3. 从《矛与盾》《为无为》的译文中，找出相应的内容写下来。

（1）以子之矛，陷子之盾，何如？

____

（2）是以圣人终不为大，故能成其大。

____

（3）其人弗能应也。

____

4. 用第一种背诵方法背诵《为无为》。

第二单元

学习朗读文言文

一、学习目标

1. 学习借助拼音读准字音。
2. 学习确定文言文句中的停顿。
3. 学习读出文言句子的语气。
4. 阅读、积累十二篇文言短文，背诵《论语》选读（一）、《论语》选读（二），完成相关练习。

二、单元学习提示

本单元由六篇小常识、十二篇文言短文和相应的练习组成，重点学习读好文言文。

本单元的六篇小知识，集中介绍文言文的朗读方法，其中怎样确定文言文句中停顿的知识比较复杂，小朋友可以慢慢理解，逐步掌握。

学习本单元，应特别重视利用本单元的文言短文练习朗读。练读时应注意：

1. 每一篇文言短文都要求朗读三遍以上(具体的朗读要求，见每篇文后的基础专题训练)。

2. 朗读练习的重点，是按句中的“/”标志读好句中的停顿，不读破句。

注意读准字音

小常识一

小学生读好文言文，先得读准文中每个字的字音。如果全文有拼音的，可以照着拼音读。生字的拼音，多读几遍，努力做到不但读准字音，还能记住字音。如果碰到没有注拼音的文言文，就要自己先看一遍。文中不会读的字，向别人请教或自己查字典，最好把拼音注上去，这样既知道了字音，又认识了字，可谓一举两得。在全文的生字解决以后，同学们还要把文章从头到尾再读几遍。读的时候要读出声音，大声读，注意把每个字都读清楚，字音读准确。

此外，还要注意读准多音字、异读字的字音。（什么叫异读字，在第三单元中解释）这几类字的读音，在给小学生读的文言文中，一般都标注有正确读音（有的标注在正文中，有的标注在注释中），小朋友只要跟着注出的读音读即可。

一、文言文阅读积累

刻舟求剑

楚/有/涉①江者，其剑/自②舟中/坠③于水。遽④契⑤其舟/曰：“是⑥吾剑之所从坠⑦。”舟止，从/其/所契者⑧/入水求之⑨。舟/已行⑩矣，而/剑不行，求剑/若此⑪，不亦/惑乎⑫！

（选自《列子》）

【注释】①涉：这里指乘船渡河。②自：从。③坠：掉下去。④遽（jù）：急忙、立刻。⑤契（qì）：用刀刻。⑥是：这、这个地方。⑦所从坠：掉下去的地方。⑧所契者：刻有记号的地方。⑨求之：寻找它。求：寻找。之：代词，它，指剑。⑩行：前进。⑪若此：像这样。⑫不亦惑乎：不是很糊涂吗？亦：也。惑：疑惑、糊涂。

【译文】楚国有个乘船渡江的人，他的剑从船上掉入江中，急忙用刀在船沿掉剑的地方刻了个记号，说：“这里是我的剑掉下去的地方。”船停以后，（他）从船沿上刻有记号的地方下去找剑。船已经前进了，而剑不会和船一起前进，像这样去找剑，不是很糊涂吗？

【主题】这个寓言故事比喻办事刻板、拘泥而不知变通。它告诫人们：事物在发展变化，我们处理问题的方法自然也要灵活，随机应变。

人/有/亡鈇者①

人/有/亡鈇者，意②/其邻之子：视/其行步，窃③/鈇也；颜色④，窃/鈇也；言语，窃/鈇也；动作态度/无为/而/不⑤窃鈇者也。俄而⑥/扣⑦其沟/而得其鈇。他日⑧/复⑨见/其邻人之子，动作、态度/皆无似/窃鈇者也。

（选自《吕氏春秋》）

【注释】①人有亡鈇(fū)者：有个丢掉斧子的人。亡：丢掉、丢失。鈇，同“斧”，斧头。②意：通“臆”，估计、怀疑。③窃：偷盗。④颜色：这里指脸色。⑤无为而不：没有一样不像。⑥俄而：不久。⑦扣(hú)：挖掘。⑧他日：另一天。⑨复：又、再。

【译文】有个丢了斧头的人，怀疑是他的邻居的儿子偷的；(于是)看他的脸色，像个偷斧头的；听他说话，像个偷斧头的；动作、言谈、神态没有一样不像偷斧头的。不久，(他)挖山谷中的土地时找到了斧头。第二天再看邻居家的那个孩子，动作、言谈、神态没有一样不像偷斧头的了。

【主题】这个寓言故事告诫人们：不要随便怀疑别人，不能凭主观猜想随意做出判断；不要有成见，遇事应当注重调查研究，客观地分析。

二、基础专题训练

1.给下列加点的字注上正确的读音，再读一读。

(1)楚有涉(　　　)江者，其剑自舟中坠(　　　)于水。

(2)遽(　　　)契(　　　)其舟曰……

(3)俄而扣(　　　)其沟而得其鈇(　　　)。

2.读《刻舟求剑》三遍。

第一遍：先给自己不认识的字注上拼音，再轻声读全文。注意读准生字字音，按“/”标志在句中适当停顿。

第二遍：轻声读，注意按标点符号和句中的“/”标志适当停顿，不读破句。

第三遍：大声读，努力读得顺口、流畅。

3.《刻舟求剑》告诉我们的道理是：________________________________

____

____

注意读好句中的停顿(一)

小常识二

文言文中的停顿有两种，一种是根据标点符号来确定的句间停顿，一种是朗读时句中的短暂停顿。句中这种停顿是由语意来决定的。一般的停顿可在人名、物名、动物名、地名、官职名、国名、年号后停顿。如：

1. 夸父(人名)/与日逐走。(《夸父逐日》)
2. 舟(物名)/已行矣。(《刻舟求剑》)
3. 虎(动物名)/求百兽而食之。(《狐假虎威》)
4. 王恭(人名)/从会稽(地名)/还。(《身无长物》)
5. 太守(官职名)/与客来饮于此。(《醉翁亭记》)
6. 楚(国名)/有祠者。(《画蛇添足》)
7. 庆历四年(年号)/春。(《岳阳楼记》)

一、文言文阅读积累

南辕/北辙[1]

今者/臣[2]来，见人/于大行[3]，方[4]/北面[5]/而持其驾[6]，告臣曰：“我/欲之[7]楚[8]。”臣曰：“君之楚，将[9]/奚[10]为北面？”曰：“吾/马良。”臣曰：“马/虽[11]良，此/非楚之路也。”曰：“吾/用[12]多。”臣曰：“用/虽多，此/非楚之路也。”曰：“吾御者[13]/善[14]。”此数者/[15]愈善，而离楚/愈远耳。

(选自《战国策》，有删改)

【注释】①南辕(yuán)北辙(zhé)：南行的车却往北走。辕：车前驾牲畜的长木，此处引申指车。辙：车轮滚后留下的痕迹，此处引申指道路。比喻行动与目的相反。②臣：官吏对皇帝的自称。③大行(háng)：大路。行：路。④方：正在。⑤北面：面向北方。⑥持其驾：驾着他的车。⑦之：动词，到。⑧楚：楚国。⑨将：就、则。⑩奚(xī)：为什么。⑪虽：即使。⑫用：费用、路费。⑬御者：驾车人，车夫。⑭善：好。⑮此数(shù)者：这几个条件。

【译文】今天我来的时候，在大路上碰到一个人，正在向北面赶着他的车，告诉我说：“我要到楚国去。”我说：“您到楚国去，为什么向北面(走)？”(他)说：“我的马好。”我说：“即使马好，但这不是去楚国的路。”(他)说：“我的路费多。”我说：

“即使费用多，但这不是去楚国的路啊。”（他）说：“我的马夫车驾得好。”这几个条件愈好，反而离楚国会愈远。

【主题】这个寓言故事现在成了成语，比喻行动与目的相反。它告诫人们：行动与目的要一致，不能目的是这样，行动又是那样，否则，就会适得其反。

《论语》选读（一）

子曰：“三人/行，必有/我师焉[①]。择[②]/其善者[③]/而从[④]之，其不善者/而改之。”

子曰：“学而/时[⑤]习[⑥]之，不亦/说[⑦]乎[⑧]？有朋/自远方来，不亦/说乎？人/不知/而不愠[⑨]，不亦/君子[⑩]乎？”

【注释】①焉：意思是“于其中”，即在另外两个人当中。②择：选择。③其善者：他们好的方面。其，他们的。善者，好的方面。④从：跟着学。⑤时：时常。⑥习：复习。⑦说（yuè）：通“悦”，高兴、愉快。⑧乎：相当于“吗”。⑨愠（yùn）：怨恨。⑩君子：指道德高尚的人。

【译文】孔子说：“三人在一起行走，另外两个人当中，一定会有能当我老师的。（我）选择他们好的地方跟着学，不好的地方则加以改正。”孔子说：“学了以后再时常复习，不也让人高兴吗？有朋友从远方来，不也让人快乐吗？别人不理解自己而不怨恨恼怒，不也称得上君子了吗？”

【主题】这两段话中的第一段话讲要学习别人的长处，克服自己的短处，反映了孔子见贤思齐，不断学习的主张。第二段话讲学习方法，学习的乐趣和为人的态度，反映了孔子学而不厌、注意修养、严格要求自己的主张。

二、基础专题训练

1. 给《南辕北辙》中不认识的字注上正确的读音，再把文章读三遍。注意读准生字字音，按“/”标志在句中适当停顿，努力读得顺口、流畅。
2. 背诵《论语》选读（一）。
3. 下列几句中，停顿有误的是（　　）。

A. 盘古/开天地　　B. 太采县/聂氏女，年方十三岁

C. 山不在/高，有仙则名　　D. 五年/未曾解衣就寝

4. 给下列带点词选择合适的解释（填序号）。

①好的方面　②怨恨　③到　④为什么

（1）将奚（　　）为北面　　（2）择其善者（　　）而改之

（3）我欲之（　　）楚　　（4）人不知而不愠（　　）

注意读好句中的停顿(二)

可在句首“盖”“夫”“若夫”(这些词叫发语词,没有实际意义)和“故”“虽”“而”“遂”“于是”(这些词叫关联词)后停顿。如:

1. 盖(发语词)/一岁之犯死者二焉。(《捕蛇者说》)
2. 夫(发语词)/君子之行,静以修身,俭以养德。(《诫子书》)
3. 若夫(发语词)/淫雨霏霏,连日不开……(《岳阳楼记》)
4. 故(发语词)/留其一日也。(《后羿射日》)
5. 虽(发语词)/欲食黍薯之食。(《子路负米》)
6. 而(发语词)/不知螳螂在其后也。(《螳螂捕蝉》)
7. 及反,市罢,遂(发语词)/不得履。(《郑人买履》)
8. 于是(发语词)/项梁乃教籍兵法。(《弃书捐剑》)

一、文言文阅读积累

朝三/暮四

宋/有狙公①者,爱狙,养之/成群,能/解狙之意②,狙/亦得③公之心④。损⑤/其⑥家口⑦,充⑧/狙之欲⑨。俄而/匮⑩焉⑪,将/限⑫其⑬食,恐/众狙⑭/之不驯⑮于己也。先/诳⑯之曰:“与若芧⑰,朝三⑱/而暮四,足乎⑲?”众狙皆起怒。俄而曰:“与若芧,朝四/而暮三,足乎?”众狙/皆伏/而喜。

(选自《庄子》)

【注释】①狙(jū)公:养猴子的老头。狙:猴子。②意:心意。③得:懂得。④心:心思。⑤损:减。⑥其:代词,他,指养猴子的老头。⑦家口:家人的口粮。⑧充:满足。⑨欲:需要、要求。⑩匮(kuì):缺乏。⑪焉:助词,不译。⑫限:限制。⑬其:代词,它们,指猴子。⑭众狙:所有的猴子。⑮驯:顺从。⑯诳(kuáng):欺骗、哄骗。⑰与若芧(xù):给你们橡子。与:给。若:你们。芧:橡子。⑱朝三:早上三颗。朝:早上。⑲足乎:够吗?

【译文】宋国有个养猴子的老人,很喜爱猴子,养的猴子成群,(他)能懂猴子的心意,猴子也懂得他的心思。(养猴老人)宁可减少家里人的口粮,也要满足猴子的要求。不久,(他家里)缺少粮食,想要限制猴子的粮食,又担心众猴子不顺从自己。(他)先哄骗猴子说:“(我)给你们橡子,早上三颗,晚上四颗,够吗?”众猴一听都十分恼怒。一会儿,(他)说:“给你们橡子,早上四颗,晚上三颗,够吗?”众猴都趴在地上,十分欢喜。

【主题】这个寓言故事,比喻用名义上改变而实质上不改变的手法进行欺骗,也用来比喻不讲诚信、反复无常的做法。

长竿/入城

鲁①/有执②长竿/入城门者,初③/竖执之④,不可入,横执之,亦⑤/不可入,计⑥无所出。俄⑦有/老父⑧至,曰:“吾/非圣人⑨,但⑩/见事多矣。何不/以⑪锯中截而入⑫?”遂⑬/依而⑭截之。

(选自《笑林》)

【注释】①鲁:春秋时的一个国名。②执:拿、握、持。③初:起初。④之:代词,它,指竿子。⑤亦:也。⑥计:策略、办法。⑦俄:一会儿。⑧老父:对老年男子的尊称。⑨圣人:非常有学问有德行的人。⑩但:只。⑪以:用。⑫中截而入:从中间截断而拿进(城门)去。⑬遂:就。⑭而:连词,表承接。

【译文】鲁国有个拿着长长的竿子想进城门的人,起初竖着拿竿子,不能进入城门,横着拿着竿子,也不能进入城门。一会儿,有一个老人到了,说:“我并不是圣人,只是见过的事情多了,为什么不用锯子(将竿子)从中间截断再进入城门呢?”于是,这个鲁国人就依照他的办法将长竿截断了。

【主题】这个寓言故事,既嘲笑了那个执长竿的鲁国人,笑他不会动脑筋,不知变通;亦嘲笑了提议将长竿从中间截断再拿进城的老者,笑他好为人师,自作聪明。它告诫人们:遇到问题,一定要自己动脑思考,不能盲听盲从。

二、基础专题训练

1. 读读下列词句中加点的字,注意读准字音。

   朝(zhāo)三暮四　　宋有狙(jū)公者　　与若芧(xù)

   俄而匮(kuì)焉　　先诳(kuáng)之曰　　遂(suì)依而截之

2. 认认真真地读《朝三暮四》两遍,第一遍轻声读,第二遍大声读,注意读准生字字音,按“/”标志适当停顿,努力读得顺口、流畅。

3. 找一找,在哪些句首的词后可停顿,用“/”标出来。

   例:而/不知螳螂在其后也。(《螳螂捕蝉》)

   (1)至于冬日严寒,则以身暖其亲之衾(qīn)。(《黄香温席》)

(2)魏文侯与虞人期猎。(《战国策》)

(3)夫菱角生于水中而曰土产。(《北人食菱》)

4. 那个执长竿入城的鲁国人的缺点是：____。

注意读好句中的停顿(三)

可在一些四字词语的中间停顿。例如：

1.皓月/当空,浮光/跃金。(《岳阳楼记》)

2.失其/魂魄,五色/无主。((叶公好龙))

3.单者/易折,众则/难摧。(《阿豺折箭》)

4.宫中/府中,俱为/一体,陟罚/臧否,不宜/异同。(《出师表》)

5.未至,道渴/而死。弃其杖,化为/邓林。(《夸父逐日》)

6.土地/平旷,屋舍/俨然。(《桃花源记》)

7.悬泉/瀑布,飞漱/其间,清荣/俊茂,良多/趣味。(《三峡》)

8.青树/翠蔓,蒙络/摇缀,参差/披拂。(《小石潭记》)

一、文言文阅读积累

掩耳/盗钟[1]

范氏[2]/之亡[3]也,百姓/有/得钟者[4],欲/负[5]而走,则[6]/钟大/不可负;以椎[7]/毁之,钟/况然[8]有音。恐/人闻之/而/夺己也,遽[9]/掩其耳。恶[10]/人闻之,可也;恶/己/自闻之,悖[11]矣。

(选自《吕氏春秋》)

【注释】①掩耳盗钟:偷钟怕别人听见而捂住自己的耳朵。掩:捂住。钟:古代的一种打击乐器。②范氏:春秋末期晋国的贵族,被其他贵族打败后,逃往齐国。③亡:逃亡。④得钟者:得到一口钟的人。⑤负:背着。⑥则:但是。⑦椎(chuí):槌子或棒子。⑧况(kuàng)然:形容钟声。⑨遽:立刻、急速地。⑩恶(wù):害怕。⑪悖(bèi):荒谬。

【译文】范氏家族逃亡的时候,有一个百姓偷得一口钟,想背着它逃跑,但是,钟很大不好背。(他)用槌想敲碎它,钟“况”地发出响声。(他)担心别人听到钟声过来把钟夺走,就立刻把他的耳朵捂了起来。害怕别人听到钟的声音,可以理解,但捂住自己的耳朵以为别人也听不到了,这就太荒谬了。

【主题】这则寓言故事比喻自己欺骗自己。它告诫人们:客观存在的事物,是无法以人的意志去掩盖的。这样做,只能自欺欺人,被人笑话。

按图/索骥[1]

伯乐[2]/令其子/执《马经》[3]画样/以求马，经年/无有似者。更求之，得/一大虾蟆，归/以告父曰：“得一马，隆颅/跌目，脊/郁缩[4]，但/蹄不如累趋[5]。”伯乐/笑曰：“此马/好[6]跳掷，不堪[7]/也。”

（选自《朝野佥载》，有删改）

【注释】①按图索骥（jì）：按照图形去寻找好马。索：寻找。骥：好马。②伯乐：相传古代一个善于相马的人，曾为秦穆公相马。③《马经》：关于相马的书。伯乐当时并无此书，这里是寓言中的虚构。④隆颅（lú）跌目，脊郁缩：这两句都是《马经》中对良马外形的描绘。跌：眼球突出。⑤累趋（qū）：老是跳。累：多次，屡次。趋：跳。⑥好：喜欢，爱好。⑦不堪：不能，不可以。堪：能，可以。

【译文】伯乐让他的儿子拿着《马经》照着画样去寻千里马，过了一年还没找到《马经》中所描绘的马。再去找，找到一只大蛤蟆，回去告诉父亲说：“找到一匹马，高高的额头突突的眼睛，脊背短而弓，只是蹄子不像样，还老是跳。”伯乐笑着说：“这马喜欢跳，可不好驾驶啊。”

【主题】这个寓言故事比喻办事墨守成规，也用来比喻按照线索去寻找。

二、基础专题训练

1. 给下列加点的字注上正确的读音，再读一读。

以椎（　　）毁之　　况（　　）然有音　　遽（　　）掩其耳

恶（　　）人闻之　　悖（　　）矣　　按图索骥（　　）

隆颅（　　）跌目

2. 朗读《掩耳盗钟》《按图索骥》各两至三遍，注意读准生字字音，按“/”标志读好句中的停顿，读得顺口、流畅。

3. 下列三句中，停顿有误的是（　　）。

A. 楚有/祠者，赐/其舍人。（《画蛇添足》）

B. 严霜/既降，百花/零落。（《菊》）

C. 故/疮未息，而/惊心未去也。（《惊弓之鸟》）

4. 用“按图索骥”造句。

____

____

注意读好句中的停顿(四)

小常识五

可根据句子意思，在词与词的意思不能连在一起的地方停顿。如：

1.人/有/亡鈇者，意/其/邻之子。(《人有亡鈇者》)

2.兔/不可复得，而/身/为宋国笑。(《守株待兔》)

3.数人饮之/不足，一人饮之/有余。(《画蛇添足》)

4.籍/大喜，略知/其意，又不肯/竟学。(《弃书捐剑》)

5.高祖父/尚，钜鹿太守，父/宙，泰山都尉。(《孔融让梨》)

总之，要做到文言文句中的停顿恰当，最根本的在于确切理解句子的意思。同学们一时确定不了的，可以先把这个句子翻译成白话文，看句中的哪些词语要连起来读，哪些词语不能连在一起说的，然后再来据此确定文言句子中的停顿。

一、文言文阅读积累

北人/食菱[1]

北人生而不识菱者，仕[2]于南方，席[3]上啖[4]菱，并[5]壳入口。或[6]曰："食菱/须/去[7]壳。"其人/自护[8]所短[9]，曰："我非不知，并壳者，欲以去热也。"问者曰："北地/亦有此物否？"答曰："前山/后山，何地/不有[10]？"夫[11]/菱角生于水中而曰土产，此/坐[12]强不知/以为知也。

(选自《雪涛小说》)

【注释】①北人食菱(líng)：北方人吃菱。北：北方人。菱：一种生长在池水中的植物，开白花，果实叫菱角。②仕：在……做官。③席：酒席、宴席。④啖(dàn)：吃。⑤并：连同。⑥或：有的人。⑦去：去除、去掉。⑧护：掩饰。⑨短：短处，缺点。⑩何地不有：什么地里没有呢？何：什么、哪里。⑪夫：句首发语词，无实义。⑫坐：因为。

【译文】北方有个生来就不认识菱角的人，在南方做官，(一次)酒席上吃菱角，(他)连同菱壳一起放到嘴里吃。有人说："吃菱角一定要去掉菱壳。"那个人为了掩饰自己的短处，说："我不是不知道，连同壳(一起吃)，而是想清热解毒。"问的人说："北方也有这种东西吗？"(他)回答说："前面的山后面的山，哪块地没有呢？"菱角生长在水中却说是在土里生长的，这是因为(他)硬要不懂装懂啊。

【主题】这则寓言故事讽刺不懂装懂，自以为是，死撑着为自己的短处辩护、掩饰的行为。告诫人们要诚实，不要不懂装懂，否则会出丑，贻笑大方。

《论语》选读(二)

子曰[①]:“知[②]之者/不如/好[③]之者，好之者/不如/乐之[④]者。”

子曰:“由[⑤]，诲[⑥]/汝[⑦]/知之乎？知之/为知之，不知/为不知，是知也。”

子曰:“学而不思则罔[⑧]，思而不学则殆[⑨]。”

【注释】①子曰：孔子说。②知：懂得，理解。③好：喜好。④乐之：以之(读书)为乐。⑤由：姓仲名由，字子路，孔子的弟子。⑥诲：教导。⑦汝：你。⑧罔：同“惘”，即迷惘，迷惑无所得。⑨殆：精神疲倦而无所得。

【译文】孔子说:“懂得学习的人比不上喜爱学习的人，喜爱学习的人比不上以学习为乐的人。”孔子说:“仲由，教给你的懂了吗？懂就是懂，不懂就是不懂，这才是真正的懂(懂得、理解)。”孔子说:“学习但不思考，就会迷惘，无法获得知识。而光思考不学习，也会精神疲倦而无所得。”

【主题】这三段话中的第一段，通过对“知之”“好之”“乐之”三者的比较，说明兴趣对于学习的重要性。第二段话反映了孔子主张学习要老老实实，不要不懂装懂的思想。第三段话通过阐释学和思对于学习的不同作用，强调了学与思需紧密结合、不可偏废的主张。

二、基础专题训练

1. 给下列带点的字选正确的读音(对的打“√”，错的打“×”)。
   (1)知之者不如好(hǎo hào)之者，好之者不如乐(lè yuè)之者。(《论语》选读(二))
   (2)北人生而不食菱(lín líng)者，仕(sì shì)于南方。(《北人食菱》)
2. 给《北人食菱》和《论语》选读(二)中画“~~~~”的句子，在原文中用“/”标出句子中的停顿。
3. 下列句子中停顿正确的是(　　)。
   A. 郑人/有/欲买履者……(《郑人买履》)
   B. 陆绩，三国时吴人/也。(《陆绩怀橘》)
   C. 此皆秦之/罪也。(《苏秦刺股》)
4. 朗读《北人食菱》，注意不读破句，读得顺口、流畅。背诵《论语》选读(二)。

注意读出句子的语气

读好文言文，除了读准字音、句中停顿恰当以外，还要按不同的句式读出不同的语气、语调。例如：

1. 伯乐善鼓琴，锺子期善听。（《伯牙绝弦》）

2. 孔君平诣其父，父不在，乃呼儿出。（《杨氏之子》）

这两句是陈述句。读陈述句要用陈述语气读，语速不快不慢，声音不高不低，句中没有明显起伏，语调平缓，能让人听得清楚、明白。

1. 我孰与城北徐公美？（《邹忌讽齐王纳谏》）

2. 蛇固无足，子安能为之足？（《画蛇添足》）

上面第一句是问句，第二句是反问句，都属于疑问句。读疑问句要读出问的语气，语速、声音应有快慢、高低的变化，需强调的字要重读。反问句最后一字的声音还要拖长一些，读得尖一些。

1. 愿陛下托臣以讨贼兴复之效。（《出师表》）

2. 请献十金。（《公输》）

以上两句都是祈使句。读表达请求、要求这类的祈使句，语气较缓和，要用商量的口气。读表示命令、禁止意思的祈使句，语气要强硬些。

1. 善哉，洋洋兮若江河！（《伯牙绝弦》）

2. 大喜曰："湖中焉得更有此人！"（《湖心亭看雪》）

以上两句是感叹句。感叹句是用来表达惊讶、赞叹、悲哀等强烈情绪的，要读得短促，末尾几个字要读重音，声音可适当拉长。

一、文言文阅读积累

狐/与葡萄

昔①有一狐，见葡萄满架，万紫千红，累累②可爱，垂涎③久之。奈④/无猿升⑤/之技，不能/大快朵颐⑥。望/则⑦生怨⑧，怨/则生怒，怒则/生诽⑨，无所不至。乃⑩/口是心非⑪，自慰⑫曰："似此葡萄/绝非/贵重之品，罕见⑬之物。况⑭/其⑮味酸涩，吾/从不下咽。彼⑯/庸夫⑰俗子⑱/方/以之为食也。"

（选自《意拾喻言》，有删改）

【注释】①昔：过去、从前。②累累：接连成串的样子。③垂涎：因十分想吃而流口水。涎：口水。④奈：无奈，没有办法。⑤升：攀爬。⑥大快朵颐：痛痛快快地大吃一顿。⑦则：于是，就。⑧怨：怨恨。⑨诽：凭空捏造，说别人的坏话。⑩乃：就。⑪口是心非：嘴里说的是一套，心里想的是另一套，形容心口不一。⑫自慰：自己安慰自己。⑬罕见：很少见到。罕，稀少。⑭况：况且。⑮其：代词，它，指葡萄。⑯彼：那，那些。⑰庸夫：平庸、才能低下的人。⑱俗子：俗人，平庸、粗俗的人。

【译文】从前有一只狐狸，看见藤架上挂满了葡萄，万紫千红，一串串十分可爱，看了很久，口水都流出来了。无奈没有像猿猴那样爬树的本领，不能痛痛快快地大吃一顿。望了很久就生出怨气来，有了怨气就生出恼怒，有了恼怒就生出诽谤的念头，什么坏事却都做了。于是就口是心非，自己安慰自己说："像这样的葡萄绝对不会是贵重的东西，不是什么罕见的东西。况且它的味道又酸又涩，我从来不吃这样的东西。那些庸俗的人才拿它当食物呢。"

【主题】这则寓言故事告诫人们：要实事求是，不要因为得不到或不能成功就自欺欺人，找些不当的理由来宽慰自己，或为放弃努力来找借口。

阿豺/折箭

阿豺[①]/有子/二十人。及老，临终/谓[②]子曰："汝[③]等/各奉[④]吾/一只箭，折之/地下。"俄而[⑤]/命母弟[⑥]/慕利延曰："汝/取一只箭/折之。"延/折之。又曰："汝/取十九只箭/折之。"延/不能折。阿豺曰："汝曹[⑦]知否？单[⑧]者易折，众则难摧[⑨]。戮力[⑩]/一心，然后/社稷[⑪]可固也。"言终[⑫]/而死。

（选自《魏书》）

【注释】①阿豺：吐谷(yù)浑国王。吐谷浑，历史上少数民族国名，在今青海及四川松潘一带。②谓：对……说。③汝(rǔ)：你。④奉：拿。⑤俄而：不久、一会儿。⑥母弟：同母的弟弟。⑦汝曹：你们。⑧单：单独，这里是"一"的意思。⑨摧：这里是"折断"的意思。⑩戮(lù)力：合力、协力。⑪社稷(jì)：古代帝王和诸侯所祭的土神和谷神，后来代指国家。⑫终：结束，完。

【译文】阿豺有二十个儿子。年纪大了，快死时阿豺对(他们)说："你们每人各拿一支我的箭来，把箭折断后放在地下。"不久又命令(他的)同母弟弟慕利延说："你拿一支箭折断它。"慕利延折断了。(阿才)又说："你再拿19支箭一起折断它。"慕利延折不断。阿豺说："你们懂得其中的道理吗？一支箭容易折断，很多箭就很难折断了。你们只有同心协力，我们的国家才可以巩固。"话说完(阿豺)就死了。

【主题】这则寓言故事告诫人们：团结就是力量，上下同心合力，就可以战胜困难。

二、基础专题训练

1. 朗读《狐与葡萄》《阿豺折箭》，要读准生字字音，按“/”标志在句中适当停顿，努力读得流利、顺畅，特别注意读好引号里面的话。
2. 给《狐与葡萄》《阿豺折箭》中画“～～～”的句子，在原文中用“/”标出句中的停顿。
3. 读一读，连一连。

恶已自闻之，悖矣。	要读出问的语气
汝曹知否？	要用命令的语气读
汝等奉吾一只箭，折之地下。	要读得短促，读出感叹的语气

4. 参考上述两文的注释或译文，解释下列加点词语。

(1)奈(　　　　　　)无猿升(　　　　　　)之技。

(2)况(　　　　　　)其(　　　　　　)味酸苦。

(3)汝(　　　　　　)取一只箭折之(　　　　　　)。

(4)戮力(　　　　　　)一心，然后社稷(　　　　　　)可固也。

第 三 单 元

了解文言文的文字

一、学习目标

1. 了解文言文中的多音字。
2. 了解文言文中的通假字。
3. 了解文言文中的异读字。
4. 了解、学习使用文言文的工具书。
5. 阅读、积累八篇文言短文，背诵《劝学》选读，完成单元中的相关练习。

二、单元学习提示

本单元有四篇小常识、八篇文言短文和相关练习三部分内容。单元学习的重点是了解文言文中的通假字和异读字（通假字也是异读字的一种）。

文言文的文字与现代汉语的文字同属汉字，形体完全一样，只是其中一部分虽字形相同，字音却不同（有的字义也不同），这部分字被称为异读字。由于小学文言文的阅读与理解，离不开对异读字的认识与理解。所以，本单元对这类字做了简要介绍。

文言文中的多音字

汉字中的多音字，是指一个字有两个或两个以上读音的字。现在的白话文中有多音字，文言文中同样也有多音字。如：

1. 为 ①而身为(wèi)宋国笑。(《守株待兔》)
　　②置尧以为(wéi)天子。(《后羿射日》)

2. 中 ①尧命羿射十日，中(zhòng)其九日。(《后羿射日》)
　　②日中(zhōng)九乌尽死。(《后羿射日》)

以上“为”“中”各有两个读音，所以，这两个字都是文言文中的多音字。

文言文中的多音字，读音不同，词性、词义往往也不同。如例 1 中第一个“为”字读“wèi”，是介词，“被”的意思；第二个“为”读“wéi”，是动词，“做”的意思。此外，还有一个规律，即某个字在现代汉语中如果是一个多音字，那么这个字在文言文中也一定是多音字，没有例外。

一、文言文阅读积累

守株①/待兔

宋人②/有耕者③，田中/有株。兔走④/触⑤株，折颈⑥/而死。因⑦/释⑧其耒⑨/而守株，冀⑩/复⑪得兔。兔/不可复得，而/身⑫/为⑬宋国笑。

(选自《韩非子》)

【注释】①株：露在地面上的树根，也称树桩。②宋人：宋国人。③耕者：耕田的人，即农民。④走：跑。⑤触：碰、撞。⑥折颈：折断了脖子。⑦因：于是。⑧释：放下。⑨耒(lěi)：古代用于耕田地的农具。⑩冀(jì)：希望。⑪复：又、再。⑫身：自己。⑬为：被。

【译文】宋国有个农民(在田里劳动)，他的田里有个树桩。(一天，)有只野兔跑过来碰到树桩，折断脖子死了。(他)于是放下农具守候在树桩旁，希望还能得到这样的兔子。兔子不可能再次得到，而他自己却被宋国人笑话。

【主题】这是一个寓言故事，比喻死守狭隘的经验，不知变通，也比喻妄想不通过努力而侥幸得到意外的收获。它告诫人们：不要把偶然当必然，片面、简单地根据经验办事。

叶公/好龙①

叶公/子高/好/龙，钩②以/写/龙，凿③以/写④/龙，屋室雕文⑤以/写/龙。于是/天龙/闻⑥而下之，窥⑦/头/于牖⑧，施⑨/尾/于堂。叶公/见之，弃/而还走⑩，失其/魂魄，五色/无主⑪。是⑫/叶公/非好龙也，好/夫⑬/似龙/而非龙者也。

（选自《新序·杂事五》）

【注释】①叶公好(hào)龙：叶公，春秋时楚国叶县的县令沈诸梁，别名子高(一说历史上的叶公并不是故事中的叶公)。好：喜好。②钩：衣服上的带钩。③凿(jué)：同“爵”，古代饮酒时用的器具。④写：画。⑤文：通“纹”。⑥闻：听说。⑦窥(kuī)：探望、偷看。⑧牖(yǒu)：窗户。⑨施：延伸。⑩还走：转身就跑。还，通“旋”。走：跑。⑪五色无主：脸色一忽儿白，一忽儿黄。五色：这里指脸色。无主：无法自己控制。⑫是：此，这样看来。⑬夫：那、那个、那些。

【译文】叶公沈子高喜好龙，(他的)衣服带钩上刻着龙，喝酒的器具上画着龙，居室的梁上、柱子上也雕着龙。天上的真龙听说后就下来了，(真龙)从(他家)的窗子探进头，把尾巴伸进(他家)厅堂。叶公看见了，转身就跑，吓得魂飞魄散，脸色都变了。这样看来，叶公并不是真的喜欢龙，(他)喜好的只不过是那种似龙非龙的东西。

【主题】这则寓言故事讽刺那些表里不一、名不副实的人。它告诫人们：为人要言行一致、实事求是。

二、基础专题训练

1. 熟读《守株待兔》《叶公好龙》，注意文中多音字的字音，按“/”标志读好句中的停顿，大致理解文章内容和主题。
2. 下列说法中，对的打“√”，错的打“×”。
   (1)多音字，字音不同，字义也一定不同。（　　）
   (2)同一个字，在白话文中是多音字，在文言文中也一定是多音字。（　　）
   (3)《守株待兔》和《叶公好龙》都是寓言故事。（　　）
3. 给下列带点的字选择合适的读音(填序号)。
   折：①zhé　②zhē　③shé　　好：①hǎo　②hào
   折(　　)颈而死　　单者易折(　　)　　叶公好(　　)龙
4. 根据句子意思，从《叶公好龙》《守株待兔》中选合适的句子写下来。
   (1)把尾巴伸进厅堂。________________
   (2)希望还能得到这样的兔子。________________

文言文中的通假字

小常识二

文言文里有一种字，叫通假字。如：

1.学而时习之，不亦说(yuè)乎。(《论语》)

(句中的“说”是通假字，读 yuè)

2.读书百遍，其义自见(xiàn)。(《熟读精思》)

(句中的“见”是通假字，读 xiàn)

“通假”是通用、假借的意思。例 1 中的“说”与“悦”通假，所以不读 shuō，读 yuè，字义也是“悦”的字义，即愉悦、高兴的意思。例 2 中的“见”与“现”通假，所以不读 jiàn，读 xiàn，字义也是“现”的字义，即显露、显现的意思。

与通假字对应的字，如与“说”对应的“悦”，与“见”对应的“现”，被称为本字。同学们在文言文中碰到通假字，一律要读本字的字音，取本字的字义。也就是说，甲字与乙字通假，要读乙字的音，用乙字的义。

一、文言文阅读积累

揠苗/助长①

宋人/有/闵② 其③ 苗/之不长④/而揠之/者，芒芒然⑤/归，谓⑥/其人⑦/曰：“今日/病⑧ 矣，予⑨/助苗/长/矣！”其子⑩ 趋⑪ 而往⑫ 视之，苗则槁⑬ 矣。天下/之不助苗长者/寡矣。揠苗者也，非徒/无益，而/又害之。

(选自《孟子》)

【注释】①揠苗助长：把苗拔起来，帮助苗快长。揠：拔。②闵(mǐn)：同“悯”，担心、忧虑。③其：代词，他的。④长(zhǎng)：生长、成长。⑤芒芒然：疲倦的样子。芒：通“茫”。⑥谓：对……说。⑦其人：他家里的人。⑧病：劳累。⑨予：我，第一人称代词。⑩其子：他的儿子。⑪趋(qū)：快步走。⑫往：到……去。⑬槁(gǎo)：草木干枯。

【译文】宋国有个人，担心(他)的禾苗不长而往上拔它们，然后十分疲倦地回到家里，对他的家里人说：“今天太累了，我帮助禾苗往上长了。”他的孩子跑到田里去看，那些禾苗已经干枯了。天下不揠苗助长的人很少。揠苗助长的人(那样做)不但没有好处，反而会害了它。

【主题】这个寓言故事告诫人们：做事情要按客观规律办事，不能凭主观愿望，否则会导致事与愿违，适得其反。

《劝学》[1]选读

君子曰：学不可以已[2]。青，取之于蓝[3]，而青于蓝；冰，水为之，而/寒于水。

故[4]/不积跬步[5]，无以/至千里；不积小流，无以/成江海。骐骥[6]/一跃，不能/十步；驽马[7]/十驾[8]，功/在不舍。锲[9]/而舍[10]之，朽木/不折；锲/而不舍，金石/可镂[11]。

（选自《荀子》）

【注释】①劝学：鼓励、勉励学习。②已：停止。③蓝：草名，叶子可制染料。④故：因此。⑤跬步：古人以一足举一次为一跬，两足各举一次为一步。跬步即半步。⑥骐（qí）骥（jì）：骏马。⑦驽（nú）马：劣马，不好的马。⑧十驾：马拉车行车一天为一驾。⑨锲：用刀雕刻。⑩舍：舍弃，丢掉。⑪镂（lòu）：泛指雕刻。

【译文】君子说：学习是无止境的，不可以停止。青色是从蓝草里提取的，可是比蓝草的颜色更青；冰是由水结成的，却比水还要冷。

因此，没有一步一步地积累，就无法达到千里之远；没有小河的积聚，就无法成为江海。骏马跳跃一次，也不足十步远；劣马拉车走十天，也能走得很远，它的成功在于不停地走。雕刻一下就放弃，即使是朽木也不能刻断；如果不停地刻下去，即使是金石，也能雕刻成功。

【主题】这几段话提出了人要不断学习，学习不可停止的观点。并采用比喻的方法，阐明了注意积累，坚持不懈对于学习的重要性。

二、基础专题训练

1. 朗读《揠苗助长》，要求读准生字字音，按“/”标志在句中适当停顿，大致了解内容及主题。
2. 给《揠苗助长》《劝学》两文中画“～～～”句子用“/”标出句中的停顿。
3. 背诵《劝学》选读，大致理解文章意思。

____

____

4. 下列说法中，对的打“√”，错的打“×”。

（1）“芒芒然归”中的“芒”与“茫”字通假，“芒”字被称为“通假字”，“茫”字被称为“本字”。（　　）

（2）“芒芒然归”中的“芒”与“茫”字通假，应读“茫”字的字音，取“茫”字的字义。（　　）

（3）“宋人有闵其苗之不长……”这句中的“闵”字，是一个通假字，与“悯”通假。（　　）

文言文中的异读字

小常识三

文言文中，有一种古今字形相同，而读音不同的字，这类字被叫作“异读字”。如：

1. 思援弓缴而射之。（《学弈》）

上面句中的“缴”是个异读字，现在读“jiǎo”，在这句文言文里读“zhuó”，指系在箭上的丝绳。

2. “大楚兴，陈胜王。”（《陈涉世家》）

上面句中的“王”是个异读字，现在读“wáng”，在这句文言文中读“wàng”，是“称王”的意思。

3. 尊君在不？（《陈太丘与友期》）

上面句中的“不”是个异读字，现在读“bù”，在这句文言文中读“fǒu”，表示疑问的意思。

文言文中所有的通假字都是异读字。在给小学生读的文言文里，凡异读字大多会在文中或注释中标出读音，小朋友们只要照着标注的读音读即可。

一、文言文阅读积累

鹬 蚌/相 争①

蚌/方②出曝③，而鹬/啄其肉，蚌/合而/箝(qián)④其喙⑤。鹬曰：“今日/不雨⑥，明日/不雨，即⑦有/死蚌！”蚌/亦谓/鹬曰：“今日不出，明日不出，即有死鹬！”两者不肯相舍，渔者⑧得而并禽之⑨。

（选自《战国策》，有删改）

【注释】①鹬(yù)蚌(bàng)相争：鹬与蚌互相争斗。鹬：水鸟名，嘴和腿很长，捕食鱼、小虫和贝类。蚌：一种生活在淡水里的软体动物，贝壳椭圆形。②方：刚刚。③曝(pù)：晒太阳。④箝(qián)：同“钳”，把东西夹住的意思。⑤喙(huì)：鸟的嘴。⑥雨(yù)：下雨。⑦即：就。⑧渔者：渔夫。⑨禽：同“擒”，捉住。

【译文】河蚌刚出来晒太阳，鹬啄住了它的肉，蚌合上蚌壳，夹住了鹬的嘴。鹬说：“今天不下雨，明天不下雨，就有死蚌了。”蚌也对鹬说：“今天（你的）嘴拔不出，明天（你的）嘴拔不出，就有死鹬了。”鹬和蚌都不肯放开对方，结果都被渔夫捉住了。

【主题】这个寓言故事现在演化成了“鹬蚌相争，渔翁得利”这个成语。它告诉人们：如果双方相争，互不相让，那就只会两败俱伤，让第三者得利。

得过/且过①

五台山②有鸟，名③寒号虫。当盛暑时，文采④绚烂，乃⑤自鸣曰："凤凰不如我！"比至⑥/深冬/严寒/之际，毛羽/脱落，索然⑦/如鷇雏⑧，遂⑨/自鸣曰："得过/且过。"

（选自《南村辍耕录》）

【注释】①得过且过：只要能过得去，就这样过下去。得：能够。且：暂且。②五台山：山名，在今山西省。③名：名叫。④文采：这里指羽毛的色彩。⑤乃：就。⑥比至：等到。⑦索然：没有意味、兴趣，孤苦的样子。⑧鷇（kòu）雏（chú）：初生的小鸟。⑨遂：于是，就。

【译文】五台山上有一种鸟，名叫寒号鸟。当夏天的时候，羽毛色彩斑斓，就自己说："凤凰不如我！"等到深冬严寒的时候，羽毛脱落，没有一点兴味，如初生的小鸟，于是就自己说："得过且过。"

【主题】这个寓言故事用寒号鸟比喻那些目光短浅、胸无大志、过一天算一天、糊里糊涂混日子的人。它告诫人们：为人处世不能得过且过，应当未雨绸缪，不能安于现状。

二、基础专题训练

1. 认真阅读《鹬蚌相争》《得过且过》，注意读准生字（包括一个异读字）的字音，按"/"标志读好句中的停顿，了解文章的主题。
2. 给两文中画"~~~~"的句子用"/"标出句中的停顿。
3. 下列说法中，对的打"√"，错的打"×"。

（1）文言文中，古今字形相同，读音不同的字叫"异读字"。（　　）

（2）文言文中，古今字形相同，字义不同的字也叫"异读字"。（　　）

（3）"鹬蚌相争"的故事现在成了成语，它的下一句是"渔翁得利"。（　　）

（4）寒号鸟说"凤凰不如我"，意思是它比凤凰漂亮。（　　）

4. 从《鹬蚌相争》中找出一个异读字，并写下来。

这个异读字是____________________。

这个异读字现在读__________，文中的读音是________________。

碰到字义不理解的字怎么办？

在文言文学习中，如碰到字义不理解的字，可以查阅相关的古汉语字典，如商务印书馆出版的《古汉语常用字字典》。因为这类字典是专门用于古汉语学习的专业工具书，不仅能查到古汉语每个常用字的字音、字义，还举有例句，可帮助读者正确选择义项。如果这个字是通假字，还能查到和哪个字通假，字义又是什么之类的信息。

小学生学习文言文，应当学会查阅工具书，养成使用工具书的好习惯。查阅《古汉语常用字字典》（《词典》）也有音序、部首两种查阅方法。查阅的步骤、方法与查阅《新华字典》《现代汉语词典》的方法基本相同。这一类专业工具书，在各地新华书店均能买到，建议小朋友购置，并逐步学会使用。

一、文言文阅读积累

买椟/还珠①

楚人/有/卖其②珠/于③郑者④，为/⑤木兰⑥之柜⑦，薰⑧以⑨/桂椒⑩，缀⑪以/珠玉⑫，饰以/玫瑰，辑⑬以/翡翠。郑人/买其椟/而还其珠。此可谓⑭善⑮卖椟矣，未⑯可谓善鬻⑰珠也。

（选自《韩非子》）

【注释】①买椟（dú）还珠：买下木匣（xiá），还掉珍珠。椟：木匣。珠：珍珠。②其：代词，他，指楚国人。③于：给。④郑者：郑国的人。⑤为：做、造。⑥木兰：一种木纹很细的香木。⑦柜：木匣。⑧薰（xūn）：通“熏”。⑨以：用。⑩桂椒（jiāo）：桂木、花椒（都是香料）。⑪缀（zhuì）：点缀、装饰。⑫珠玉：珍珠和玉石。⑬辑（jí）：通“缉”，连缀的意思。⑭谓：说。⑮善：善于。⑯未：不。⑰鬻（yù）：卖。

【译文】楚国有个在郑国卖珠宝的人。（他）用名贵的木兰雕了一只（装珠宝的）匣子，（给匣子）用桂椒调制的香料熏染。用珍珠、玉石点缀装饰，又用翡翠连缀。有个郑国人买下了木匣而把里面的珠子还给了他。这可以说（他）很善于卖木匣，而不善于卖珠宝啊。

【主题】这个寓言故事比喻没有眼光，取舍不当。它告诫人们：办事不能本末倒置，喧宾夺主，过分追求形式。

舍生/取义①

鱼②，我所欲也③；熊掌④，亦我所欲也。二者⑤不可得兼，舍鱼而取熊掌者也。生，亦/我所欲也；义，亦/我所欲也。二者/不可得⑥兼⑦，舍生/而取义⑧者也。

（选自《孟子》）

【注释】①舍生取义：指为正义而死。取：求。②鱼：这里比喻"生"。③我所欲也：是我想要的。欲：想要。④熊掌：熊的脚掌，是名贵的食品，这里比喻"义"。⑤二者：指鱼和熊掌。⑥得：能够。⑦兼：同时都得到。⑧义：公开的道义和有益大众的行为。

【译文】鱼，是我想要的；熊掌，也是我所想要的。但如这两者不能同时得到，我就舍弃鱼而选取熊掌。生命，是我想得到的；公正的道义和有益公众的行为，也是我想得到的。如果这两者不能同时得到，我就舍弃生命而选取正义。

【主题】《舍身取义》这段话，用鱼和熊掌作比较，提出了"舍身取义"的观点。在孟子看来，当"生"与"道义"不能同时获得的时候，就应当"舍身取义"。

二、基础专题训练

1. 给《买椟还珠》《舍生取义》两文中画"～～～"的句子用"/"标出句中的停顿。
2. 背诵《舍生取义》。
3. 选正确答案的序号写在括号里。

（1）下列属于学习文言文工具书的是（　　）。

A.《新华字典》

B.《古代汉语常用字字典》

C.《现代汉语词典》

（2）"二者不可得兼，舍生而取义者也"这一句主要是阐明（　　）。

A. 生的重要性　　B. 舍生取义的重要性　　C. 义的重要性

4. 按要求填空。

"薰以桂椒"中的"________"是通假字，通"________"，"__________"的意思。

"辑以翡翠"中的"________"是通假字，通"________"，"__________"的意思。

第四单元

了解文言文的词语

一、学习目标

1. 了解文言词语的分类与称呼。
2. 了解文言词语中的单音节词。
3. 了解文言词语中的古今异义词和一词多义的现象。
4. 了解文言词语的活用。
5. 阅读、积累十篇文言短文，背诵《教学相长》和《杨氏之子》，完成相关练习。

二、单元学习提示

本单元由四篇小常识、八篇文言短文和相关练习组成，着重了解文言词语的分类和文言词语的特点。

文言词语是文言文学习中的一个重要知识点。了解、掌握这些知识，对理解文言文至关重要。由于小学生文言文学习才起步，因而本单元对文言词语知识仅作简要、粗略介绍。

学习时，对文言词语的概念性知识，如什么是实词、虚词，什么是名词，什么是古今异义词等，均不要求完全理解、掌握，但鼓励同学们用这些知识去认识、理解文言词语。

文言词语的分类与称呼

小常识一

文言文中的词语，统称为文言词语。

有实在意义、能单独回答问题的，叫文言实词。例如：山、水、走、打、唱、红、绿、一、五、千、斤、里，等等。

没有实在意义，不能单独回答问题的，统称文言虚词。例如：之、其、很、最、更、也、再、吧、以、而，等等。

文言实词有五个类别，分别称呼为：名词（如“人、犬、石兽、天、地”等），动词（如“开、行、鸣、见”等），形容词（如“快、慢、阴、清”等），数词（如“六、七、十二、一百”等），量词（如“次、卷、个、寸”等）。

文言虚词有六个类别，分别称呼为：代词（如“吾、我、余、之、其”等），副词（如“极、仅、既、竟”等），介词（如“为、由、自、在”等），助词（如“者、所、矣、在”等），叹词（如“哉、兮、呜呼、噫”等）。

一、文言文阅读积累

螳螂①/捕蝉②

园中/有树，其③上/有蝉。蝉/高居悲鸣④，饮露，不知/螳螂/在其后也；螳螂委身曲附⑤，欲取蝉，而不知黄雀在其傍⑥也；黄雀/延颈⑦/欲啄螳螂，而/不知弹丸/在其下也。此三者/皆/务欲⑧/得其前利⑨，而/不顾其后/之患⑩也。

（选自《说苑·正谏》）

【注释】①螳（táng）螂（láng）：一种昆虫，又叫刀螂。②蝉：一种昆虫，又叫知了。③其：指园中。④高居悲鸣：待在高处悲哀地鸣叫。⑤委身曲附：蜷曲着身体，屈着（前肢）靠近过去。附：靠近。⑥傍：同“旁”，旁边。⑦延颈：伸长脖子。颈：头颈，脖子。⑧务欲：一定要。⑨前利：眼前的利益。⑩患：祸患。

【译文】园子里有棵树，树上有知了。蝉待在高处悲哀地鸣叫，喝着露水，却不知道螳螂就在它的身后；螳螂蜷曲着身体，屈着（前肢）靠近过去，想要捉住蝉，却不知道（一只）黄雀在它的旁边；黄雀伸长头颈，想捉住螳螂，却不知道弹丸在它的下面瞄准着它。这三个都一心想要得到它们眼前的利益，却不顾它们的身后就有祸患。

【主题】这个寓言故事现在演化成了“螳螂捕蝉，黄雀在后”这个成语，比喻有的人看见前面有利可图,却不知道祸害就在后面。这个故事告诫人们:不能只图眼前利益,而置隐患于不顾。遇事一定要综合考量利弊得失。

涸泽[1]/之蛇

泽/涸,蛇/将徙[2]。有小蛇/谓[3]/大蛇曰:"子行/而/我随[4]之,人/以为/蛇之行者耳[5],必有/杀子[6]者。不如相衔[7]负[8]我以行,人以我为神君[9]也。乃/相衔/负以/越[10]公道[11]/而行。人/皆避之[12],曰:"神君也!"

(选自《韩非子》)

【注释】①涸(hé)泽:干枯的湖泊。涸:干涸。泽:沼泽,聚水的洼地。②徙(xǐ):迁徙。③谓:告诉。④随:跟随。⑤耳:罢了。⑥子:你。⑦相衔(xián):前后连接。⑧负:背。⑨神君:这里指蛇神。⑩越:穿越、通过。⑪公道:大路、大道。⑫之:代词,它们,指小蛇与大蛇。

【译文】沼译干涸了,蛇将要迁徙。有一条小蛇告诉大蛇说:"你走在前面而我跟随着你,人们认为只是出行的蛇罢了,必定会有人要杀死你。不如(我们)前后连接,你背着我走,人们看到就会认为我是蛇神呢。"于是(它们)互相连接,大蛇背着小蛇通过大路。人们都避开它们,说:"真是蛇神啊!"

【主题】这个寓言故事告诫人们:一定要学会观察,认真思考,透过现象看本质。只有这样才不会受骗上当,被假象所迷惑。

二、基础专题训练

1. 给《螳螂捕蝉》《涸泽之蛇》中画"~~~"句子,用"/"标出句子中的停顿。

2. 按要求填空。

(1)文言词语分为____________和虚词两大类。

(2)没有实际意义,不能单独回答问题的词叫____________。

(3)"螳螂捕蝉"现在成了成语,它的下半句是____________。

(4)《涸泽之蛇》中"神君"指的是____________。

3. 解释下列句中加点的词。

(1)螳螂委身(　　　　)曲附。

(2)此三者皆务(　　　　)欲得其前(　　　　)利。

(3)泽涸(　　　　),蛇将徙(　　　　)。

(4)子(　　　　)行而我随(　　　　)之。

文言词语中的单音节词

文言文中，大多数词语只有一个字。如：

1. 为　设　果，果　有　杨梅。（《杨氏之子》）

　①　②　③　④　⑤　　⑥

上面这句话，六个词，只有七个字，其中有五个词是一个字一个词。

2. 光　生七　岁，凛然　如　成人。（《破瓮救友》）

　①　②③　④　⑤　　⑥　⑦

上面这句话七个词，只有九个字，其中五个词是一个字一个词。

3. 君子　曰：学　而　可以　已。（《劝学》）

　①　　②③　④　⑤　⑥

上面这一句，六个词，只有八个字，其中四个词是一个字一个词。

一个字的词，因为只有一个音节，所以称为单音节词，有两个或两个以上音节的词称多音节词。

在文言文中，单音节词占多数，这是文言词语的一个显著特点。小朋友在阅读和理解文言文时，应特别注意，切不可把两个单音节的词当作一个词来理解。

一、文言文阅读积累

滥竽/充数①

齐宣王②/使③人/吹竽，必④/三百人。南郭⑤处士⑥/请⑦为⑧王/吹竽，宣王/说⑨之，廪食⑩/以⑪数百人。宣王死，湣王⑫立⑬，好⑭一一听之。处士/逃。

（选自《韩非子》）

【注释】①滥（làn）竽（yú）充数：不会吹竽的人，混在吹竽的乐队里充数。滥竽，指不会吹竽的人。滥，虚妄不实。竽，一种古代乐器。充数，凑数。②齐宣王：战国时期齐国的国君。姓田，名辟疆。③使：派、让。④必：一定。⑤南郭：南郭为复姓。⑥处士：古代称有学问、有品德而没做官的人，相当于“先生”。⑦请：请求。⑧为：替、给。⑨说：通“悦”，高兴。⑩廪（lǐn）食：官府供食。廪：粮食。食：给东西吃。⑪以：用、拿。⑫湣（mǐn）王：齐国国君，宣王的儿子，姓田，名地。在宣王死后继位。⑬立：继承王位。⑭好（hào）：喜欢。

【译文】齐宣王派人吹竽，一定要三百人一齐吹。南郭先生（不会吹竽），也请求为齐宣王吹竽，齐宣王很高兴，给他的待遇也和那几百人一样。齐宣王死后，湣王继位，(他)喜欢听人一个一个地吹。南郭先生只好逃走了。

【主题】这个寓言故事比喻没有真才实学的人混在行家队伍里冒充，也比喻以次充好。它告诫人们：弄虚作假，即使能蒙混一时，但绝对不可能长久。

教学/相长①

虽②有嘉肴③，弗食④不知其旨⑤也；虽有/至道⑥，弗学/不知其善也。是故⑦/学/然后/知不足，教/然后/知困⑧。知不足⑨，然后/能自反⑩也；知困，然后/能自强⑪也。故曰：教学/相长也。

（选自《礼记》）

【注释】①教学相长：教与学互相促进。长：促进。②虽：即使。③嘉(jiā)肴(yáo)：美味的食物。肴：做熟的鱼、肉等。④弗食：不吃。⑤旨：味美、好吃。⑥至道：最好的道理。⑦是故：所以、因此。⑧困：这里意为困惑、不懂。⑨知不足：知道自己有不够的地方。⑩自反：自我反省。⑪自强：自觉奋发图强。

【译文】即使有美味的熟食，不吃就不知道它的味美；即使有最好的道理，不学就也不知道它的好处。因此，学然后才知道自己的不是，教然后知道自己理解不透。知道了自己的不足，然后才能使自己刻苦地钻研；知道了不解、困惑之外，才能使自己变得更强(更聪明)。所以说，教与学是互相促进的。

【主题】这则短文主要论述了教与学的关系，指出教与学是互相促进的，可以取长补短，共同发展。

二、基础专题训练

1. 给《滥竽充数》《教学相长》两文中画“~~~~”句子，用“/”标出句子中的停顿。

2. 下列说法中，对的打“√”，错的打“×”。

(1)只有一个字的词，一定是单音节词。（　　）

(2)“欲治其国者”这句话中有五个单音节词。（　　）

(3)《滥竽充数》中是说齐宣王滥竽充数。（　　）

(4)“教学相长”这句话的意思是说老师和学生各有优点和缺点。（　　）

3. 解释下列句中加点的词语。

(1)虽（　　　　）有佳肴，弗食不知其（　　　　）旨也。

(2)是故（　　　　）学然后知不足，教然后知困（　　　　）。

4. “滥竽充数”这个成语是什么意思。

____

5. 背诵《教学相长》。

文言词语中的古今异义词

文言文中的有些词语古今意思不一样。例如：

1.夸父与日逐走。(《夸父逐日》)

句中的“走”字，古义是“跑”，今义是“步行”“行走”。同一个词语，古今的词义不同。

2.谢太傅寒雪日内集，与儿女讲论文义。(《咏雪》)

句中的“儿女”一词，古义指“子侄”，今义指“子女”。同一个词语，古今词义完全不同。

3.惟危楼一座。(《山市》)

句中的“危”字，古义是“高”的意思，今义则是“危险”的意思。同一个词语，古今词义不同。

以上这些古今词义不同的词，叫作“古今异义词”。

小朋友在理解文言文的时候，一定要仔细辨别，切不可望文生义。

一、文言文阅读积累

狐假/虎威①

虎/求②百兽/而食之③，得狐。狐曰：“子④/无⑤敢/食我也！天帝使⑥我/长百兽⑦，今/子食我，是⑧/逆⑨天帝命也。子/以我/为不信⑩，吾/为子先行，子随我后，观/百兽之见我/而敢不走⑪乎？”虎/以为然⑫，故/遂⑬与之行。兽见之皆走。虎不知兽畏己⑭而走也，以为畏狐也。

(选自《战国策》)

【注释】①狐假虎威：狐狸假借老虎的威风去吓唬其他野兽。假：借、凭借、借助。②求：寻求、寻找。③之：它们，指百兽。④子：你。⑤无：不。⑥使：派。⑦长(zhǎng)百兽：做百兽的首领。长，做……首领。⑧是：这样做。⑨逆：违抗。⑩子以我为不信：你认为我说的话不真实。以：认为。⑪走：逃跑。⑫然：对。⑬遂(suí)：于是、就。⑭畏己：畏惧自己。

【译文】老虎寻找各种动物想吃掉它们，抓到一只狐狸。狐狸说：“你不敢吃我！天帝派我来做百兽的首领，今天你吃掉我，这是违背天帝的命令。(如果)你认为我说的话不真实，我在你前面走，你跟在我后面，看看百兽看见我有敢不逃跑的吗?"老虎认为狐狸说的话有道理,就和狐狸一起走。百兽看见它们果然都逃跑了。老虎不知道百兽是害怕自己而逃跑的,还以为(它们)是害怕狐狸呢。

【主题】这则寓言故事比喻依仗别人的势力去威吓和欺压别人。它告诉人们:遇事要思考,要透过现象看本质,避免受骗上当。

郑人/买履

郑①人有欲②买履者③,先自度④其足,而置之其坐⑤。至之市⑥/而/忘操之⑦。已得履,乃曰:"吾/忘持度⑧。"反归/取之。及反⑨,市/罢⑩,遂⑪/不得履。人曰:"何不/试之以足⑫?"曰:"宁⑬/信度,无/自信也。"

(选自《韩非子》)

【注释】①郑人:郑国人。郑,春秋时期一个小国的名称。②履(lǚ):鞋子。③者:……的人。④度:量。⑤置之其坐:把量好的尺寸放在他的座位上。置:放置。之:它,代词,这里指量好的尺码。坐:同"座",座位。⑥至之市:等到了集市的时候。至:等到、直到。之:往。⑦忘操之:忘了拿量好的尺码。操:拿。之:它,代词,指量好的尺码。⑧度:指量好的尺码。⑨反:通"返",返回、回去。⑩市罢:集市已经散了。罢,散。⑪遂:于是、就。⑫试之以足:即"以足试之",用脚试鞋。⑬宁(nìng):宁可。

【译文】有一个郑国人想要买鞋,(他)先量好了自己脚的尺码,然后将尺码放在他的座位上。等到了集市才发现忘了拿量好的尺码。(他)已经挑好了鞋,才说:"我忘了带量好的尺码了。"(于是他)返回家去取尺码。等到他返回来,集市已经散了,于是没买到鞋。有人问他:"为什么不用你的脚去试鞋呢?"(他)回答说:"(我)宁愿相信尺码,也不相信自己的脚。"

【主题】这则寓言故事讽刺了那些迷信教条、不信实际的人。告诫人们不要墨守成规、不知变通。

二、基础专题训练

1. 给《狐假虎威》《郑人买履》两文中画"~~~~"句子,用"/"标出句子中的停顿。

2. 下列说法中,对的打"√",错的打"×"。

(1)两个词语如果词义不一样,这两个就是古今异义词。（　　）

(2)"曾见之皆走"的"走",是古今异义词。（　　）

(3)"吾忘持度"这句话有四个单音节词。（　　）

3. 按要求做题。

(1)《郑人买履》中有一个通假字，请找出来并写在下面。

这个通假字是________，它的读音是________，字义是________________。

(2)《狐假虎威》告诉我们一个什么道理？

____

(3)“何不试之以足”这句话的译文是：________________________________

____

文言词语的一词多义

小常识四

在文言文里，同一个词在不同的句子里，有的词会有不同的意思，这类词被称为一词多义。例如：

1.诚(实词)。

(1)帝感其诚(诚心)。(《愚公移山》)

(2)诚(如果)如是，则霸业可成，汉室可兴矣。(《隆中对》)

(3)此诚(确实)不如徐公美。(《邹齐讽齐王纳谏》)

同一个“诚”，在三个不同的句子里，有“诚心”“如果”“确实”三个不同的词义。

2.而(虚词)。

(1)学而(表顺接，可译为“然后”“就”)时习之。(《论语十二则》)

(2)人不知而(表转折，可译为“可是”“却”)不愠。(《论语十二则》)

(3)敏而(可译为“并且”)好学。(《论语十二则》)

同一个“而”，在三个不同的句子里，有“然后”“可是”“并且”等三种不同的词义。

上面这些例句告诉我们，文言实词和虚词都有一词多义的现象。而且文言词语一词多义，是一个普遍的现象。

一、文言文阅读积累

画 蛇/添 足

楚/有祠者[1]，赐[2]/其舍人[3]/卮[4]酒。舍人相谓[5]/曰：“数人饮之/不足，一人饮之/有余。请/画地[6]为蛇，先成者/饮酒。”一人/蛇先成，引酒[7]/且饮之，乃/左手/持卮，右手/画蛇，曰：“吾能为之/足[9]。”未成，一人/之蛇成，夺其卮/曰：“蛇固[10]无足，子[11]安能[12]为之足?”遂/饮其酒。为[13]蛇足者，终[14]/亡[15]其酒。

(选自《战国策》)

【注释】①祠(cí)者：古代楚国主管祭祀的官员。②赐：赏给。古代上级对下级、长辈对下辈的赏与。③舍人：古代投靠贵族，由贵族提供食宿的门客。④卮(zhī)：古代用于盛酒的器具，类似壶。⑤相谓：互相商量。⑥画地：在地上画上画。⑦引酒：拿酒。引：拿。⑧且：将要。⑨为之足：给它画上脚。之：它，代词，这里指蛇。⑩固：本来、从来、原来。⑪子：你。⑫安能：怎么能、哪能。安：怎么，哪里。⑬为：给、替。⑭终：最后、最终。⑮亡：丢失、丢掉、失去。

【译文】楚国有个搞祭祀的人，拿出一壶酒赏赐给门客吃。门客们商量说："（这壶酒）几个人喝不够，一个人喝则有余。不如我们各人在地面上画蛇，先画好的人喝这壶酒。"一个人先画好了，（他）拿起酒将要喝，却左手拿着酒壶，右手（继续）画蛇说："我能给蛇画上脚。"脚还没有画好，另一个人的蛇画好了，夺过他的酒壶说："蛇本来没脚，你怎么能给它画上脚呢？"于是就把那壶酒喝了。给蛇添脚的那个人，最终失去了那壶酒。

【主题】这则寓言故事，比喻做了多余的事，结果徒劳无功，弄巧成拙。它告诫人们：做事情要从实际出发，不要耍弄小聪明，去做有害无益的多余事情。

画龙点睛

张僧繇①/于金陵②安乐寺，画四龙/于③壁，不点④睛。每⑤曰："点之即⑥飞去。"人以为⑦诞⑧，因⑨点其⑩一。须臾⑪，雷电/破壁，一龙/乘云上天。不点睛者/皆⑫在。

（选自《历代名画》）

【注释】①张僧繇（yáo）：南朝梁著名画家。②金陵：今江苏南京市。③于：在。④点：画。⑤每：常常、时常。⑥即：马上、立刻。⑦以为：认为。⑧诞：荒诞。⑨因：因此、就。⑩其：代词，它，指龙。⑪须臾（yú）：一会儿。⑫皆：都，全。

【译文】张僧繇在金陵安乐寺，在墙壁上画了四条龙，但没有画眼睛。（他）常常说："画上眼睛（龙）马上会飞走。"人们认为他的话荒诞，（他）就给一条龙画上了眼睛。不一会儿，雷电击破了墙壁，一条龙乘云飞上了天空。而没画眼睛的（三条龙）却都还在。

【主题】这是一个成语故事：比喻说话或写文章在关键处用上一两句精辟的话，使之传神、生动、有力。

二、基础专题训练

1. 给《画蛇添足》《画龙点睛》中画"～～～"句子，用"/"标出句子中的停顿。

2. 给下列带点的字选择合适的字义（填序号）。

（1）之：A. 的　　B. 它，指蛇　　C. 助词，无义

①数人饮之不足。（　　）

②一人之蛇成。（　　）

③安能为之足。（　　）

(2)安:A. 怎么,哪里　　B. 安宁、安定　　C. 安放,放置

①金陵安乐寺。(　　)

②子安能之足。(　　)

3. 下列句中带点字解释有误的一项是(　　)。

A. 张僧繇于(在)金陵安乐寺……

B. 画四龙于(在)壁……

C. 冰,水为之,而寒于(比)水

D. 楚人有卖其珠于(在)郑者。

文言词语的活用

文言文词语分名词、动词、形容词等。每类词语各有各的用法，但有几类词语可以活用，即这一类词可以当作另一类词用。例如：

1. 陈太丘与友期（“期”原来是名词，但这里用作动词，“约定”的意思）行。（《陈太丘与友期》）

2. 即书（“书”原来是名词，这里却当动词用，意思是书写）诗四句。（《伤仲永》）

3. 京中有善（“善”原来是形容词，这里却当动词用，“擅长”的意思）口技者。（《口技》）

4. 似与游者相乐（“乐”原来是形容词，这里却用作动词，“逗乐、嬉戏”的意思）。（《小石潭记》）

5. 会作诗，不能称前时之闻（“闻”原来是动词，这里却用作名词，意思是新闻……）。（《伤仲永》）

6. 浙江之潮，天下之伟观（“观”原来是动词，这里用作名词，“景象”的意思）也。（《观潮》）

7. 温故（“故”原来是形容词，这里用作名词，指旧的知识）而知新。（《论语十二则》）

8. 春冬之时，则素湍（“湍”原来是形容词，这里用作名词，意思是“急流”）绿潭。（《三峡》）

像上面这样，把这一类词当作另一类词来用，叫“词类活用”。在文言文中，词类活用的情况是比较多的。

一、文言文阅读积累

子路/负米①

仲由，字/子路，家贫，尝②/食黍③著/之食。为亲④/负米/百里之外。亲殁⑤，南游/于楚，从⑥车/百乘，积粟⑦/万钟⑧，累裀⑨/而坐，列鼎⑩/而食。乃⑪/叹曰：“虽⑫欲食黍著之食，为亲负百里之外，不可得也。”

（选自《说苑》）

【注释】①子路负米：子路背米。子路：仲由的字，春秋末鲁国卞（biàn）州（今山东泗水)人,孔子的学生。负:背负。②尝:曾经。③食黍(shǔ)薯之食:食用黍薯等野菜的饭食。前一个“食”,动词,吃、食用的意思。后一个“食”,名词,饭食。④为亲:为父母。为:替,给。亲:这里指父母。⑤殁(mò):死。⑥从:随从。⑦积粟:积余的粮食。粟:泛指谷物。⑧钟:古代的一种量器。⑨累褥(rù):堆积起来的褥子。⑩列鼎(dǐng):排列盛有美食的容器。鼎:这里指盛放菜肴饭食的鼎器。⑪乃:于是。⑫虽:即使。

【译文】仲由,字子路,(早年)家中贫寒,(自己)曾经吃野菜作为饮食。但为父母却从百里之外背米给他们食用。父母去世后,他南游到楚国做了大官,随从的车马有百乘之众,积余的粮食多达万钟,坐在堆叠起来的褥子上,吃着丰盛的筵席。于是感叹说:“即使(我)现在想吃野菜,再为父母去百里之外背米,也无法如愿了。”

【主题】这个故事赞扬子路孝敬父母的品行。提示人们:尽孝要及时,不然会遗憾、后悔。

杨氏/之子①

梁国/杨氏/子九岁,甚②/聪惠③。孔君平④/诣⑤/其父,父/不在,乃⑥/呼儿出。为/设⑦果,果/有杨梅。孔/指以示⑧儿曰:“此/是君家果。”儿应声答曰⑨:“未⑩闻孔雀是夫子家禽。”

(选自《世说新语》)

【注释】①氏:姓氏,表示家族的字。杨氏:姓杨的人家。之:的。②甚:很。③惠:同“慧”,智慧的意思。④孔君平:姓孔,字君平,曾任过廷尉。⑤诣:拜见。⑥乃:于是,就。⑦设:摆放,摆设。⑧示:给……看。⑨曰:说。⑩未:没有。

【译文】在梁国,有一户姓杨的人家,(家里)有个九岁的儿子,他非常聪慧。有一天,孔君平来拜见他的父亲,(恰巧)他父亲不在家,(孔君平)就把这个孩子叫了出来。(孩子给孔君平)端来了水果,其中有杨梅。孔君平指着(杨梅)给孩子看,并说:“这是你家的水果。”孩子马上回答说:“我可没听说孔雀是先生您家的鸟。”

【主题】这个故事表现了杨氏之子的机智及思维的敏捷,语言的风趣、幽默。

二、基础专题训练

1. 给《子路负米》《杨氏之子》两文中画“~~~~”句子,用“/”标出句子中的停顿。

2. 下列句中带点词属于词类活用的一类是(　　)。

A. 未闻孔雀是夫子家禽

B. 为亲负百里之外，不可得也

C. 虽欲食黍薯之食……

3. 子路说的“不可得”，指的是（　　）。

A. 给父母吃丰盛的筵席

B. 自己食“黍薯之食”

C. “为亲负百里之外”

4. 背诵《杨氏之子》。

第五单元

了解文言文的句子

一、学习目标

1. 了解文言文的固定句式。
2. 了解文言文的特殊句式。
3. 阅读、积累八篇文言短文，背诵《熟读精思》和《欧阳修论作文》，完成相关练习。

二、单元学习提示

本单元有四篇小常识、八篇文言短文和相应的练习三部分内容，单元学习的重点是了解文言句式的类型与特点。

文言句式与现代汉语句式有很大不同，它是中小学文言文学习中的重点和难点。

所谓句式，就是句子的样式。文言句式按句子结构分成固定句式和特殊句式两大类。

文章是由句子组成的，理解文章就得理解句子，理解句子就要了解句式。文言句式的知识，小朋友可以逐步理解，逐步掌握，没有硬性要求。学习时，请多看看例句，了解其特点，再看看例句翻译过来是怎样的。

文言文的固定句式(一)

文言文中,一些词语搭配在一起组成句子,形成了固定搭配的形式,人们称它为固定句式。这种固定句式,可按固定的格式来理解、翻译。例如:

1.句中有“不亦……乎”可译为“不是……吗”。如:

①学而时习之,不亦说乎?(《论语十二则》)

可译为:学习了,然后按时复习,不是也很快乐吗?

②求剑若此,不亦惑乎?(《刻舟求剑》)

可译为:像这样去找剑,不是很糊涂吗?

2.句中有“何……之有”,可译为“有什么……呢”。例如:

①宋何罪之有?(《公输》)

可译为:宋国有什么罪呢?

②孔子云:何陋之有?(《陋室铭》)

可译为:孔子说:有什么简陋的呢?

3.句中的“何……乎”,可译为“怎么……呢”。如:

①这何遽不为福乎?(《塞翁失马》)

可译为:这怎么就不会是一件好事呢?

②师旷曰:“何不炳烛乎?”(《师旷劝学》)

可译为:师旷说:“怎么不点燃蜡烛来照明呢?”

一、文言文阅读积累

王冕①/好学

王冕,字/元章,诸暨②人。幼贫,父/使牧牛。窃③入/学舍,听/诸生诵书;暮/乃近,亡④/其牛。父怒/挞⑤之,已而/复然。母曰:“心痴如此,曷⑥不听其所为?”冕因去⑦,依僧寺,夜坐佛膝上,映长明灯读书。会稽⑧/韩性⑨/闻而异⑩之,录为/弟子⑪。学/遂为通儒⑫。

(选自《明史》)

【注释】①王冕(miǎn):元末画家、诗人。②诸暨(jì):地名。③窃:偷偷地。④亡:丢失。⑤挞(tà)之:用鞭子打他。之:他,指王冕。⑥曷(hé):通“何”,为什么。⑦因去:于是离开(家)。⑧会(kuài)稽(jī):绍兴古称。⑨韩性:人名,绍兴人，元代大学者。⑩异：形容词作动词，感到惊喜。⑪弟子：学生。⑫通儒：学识渊博的儒者。

【译文】王冕，字元章，诸暨人。小时候家里贫穷，父亲让他去放牛。他偷偷地去学堂，听学生读书；到黄昏方返回，却丢失了牛。父亲恼怒地用鞭子打他，事后他还是这样。王冕的母亲说："我的儿子痴迷到这个地步，为什么就不让他这样做呢？"王冕于是离开家，投靠了寺院，夜里就坐在佛像腿上借长明灯光读书。会稽的韩性听闻此事感到惊讶，就收他当了弟子。于是王冕后来成了博学多闻的儒者。

【主题】这个故事告诉我们，王冕之所以成为"儒者"，在于他从小好学不倦，志向坚定，有刻苦学习的精神。

凿壁/偷光

匡衡①/勤学/无烛，邻舍/有烛/而不逮②，衡/乃③穿壁④/引其光，发书映光/而读之。邑人⑤大姓⑥/文不识⑦，家富/多书，衡/乃与其佣作⑧/而不求偿⑨。主人/怪⑩/问衡，衡曰："愿得主人书遍读之。"主人感叹，资给⑪以书，遂⑫成大学⑬。

（选自《西京杂记》）

【注释】①衡(kuāng)匡：字稚圭(guī)，东海郡承县(今山东枣庄市)人，西汉经学家，官至丞相。②不逮：烛光照不到。逮：到、及。③乃：就。④穿壁：在墙上凿洞。⑤邑(yì)人：同县的人。⑥大姓：大户人家。⑦文不识：姓文名不识。⑧与其佣(yōng)作：给他家雇佣劳作。与：帮助。佣作：雇佣，做雇工、劳作。⑨偿：报酬。⑩怪：感到奇怪。⑪资给：资助，供给。⑫遂：于是。⑬大学：大学问家。

【译文】匡衡勤奋好学，但家中没有蜡烛照明，邻家有灯烛，但照不到他家，匡衡就在墙上凿了一个洞，引邻家的烛光，让光亮照在书上来读书。同乡有大户人家，姓文名不识，家里富裕有很多书，匡衡给他雇佣劳作，不要报酬。主人很奇怪问匡衡为什么这样，匡衡说："(我)希望得到你家的书，通读一遍。"主人听了深为感叹，就把书借给匡衡读，(匡衡)最后成了大学问家。

【主题】这则故事赞扬匡衡克服困难，想方设法刻苦读书的精神。它告诉人们，人生的成功取决于自生的努力。

二、基础专题训练

1. 给《王冕好学》《凿壁偷光》两文中画"～～～"句子，用"/"标出句子中的停顿。
2. 下面哪些是文言固定句式，找出来在括号里打上"√"。

(1)天下之不助苗长者寡矣。(《揠苗助长》)　　(　　)

(2)求剑若此,不亦惑乎?(《刻舟求剑》)　　(　　)

(3)此数者愈善而离楚愈远耳。(《南辕北辙》)　　(　　)

(4)郑人买其椟而还其珠。(《买椟还珠》)　　(　　)

3.翻译下列句子。

(1)心痴如此,曷不听其所为?(《王冕好学》)

____

____

(2)衡乃与其佣作而不求偿。(《凿壁偷光》)

____

____

文言文的固定句式(二)

小常识二

4.句中的“得无……乎”,可译为“恐怕……吧”。如:

览物之情,得无异乎?(《岳阳楼记》)

可译为:由观赏景物而触发的感情,恐怕会有不同吧?

5.句中有“非……则”,可译为“不是……就是……”。如:

非死则徒尔。(《捕蛇者说》)

可译为:不是死了,就是逃亡了。

6.句中的“如……何”,可译为“对……怎么办”。如:

如太行、王屋何?(《愚公移山》)

可译为:对太行、王屋两座山,怎么办呢?

7.句中的“与……孰……”,可译为“与……相比……”。如:

我与徐公孰美?(《邹忌讽齐王纳谏》)

可译为:我与徐公相比,谁美?

8.句中有“何以”,可译为“以何……(即“凭什么”)”。如:

何以战?(《曹刿论战》)

可译为:凭借什么作战?

文言文固定句式的特点,一是句中有固定的标志性词语;二是可按固定的样式翻译。

一、文言文阅读积累

薛谭/学讴①

薛谭/学讴于②/秦青,未穷③/秦青之技④,自谓/尽之⑤,遂/辞归⑥。秦青/弗止⑦,饯/于郊衢⑧,抚节⑨/悲歌⑩,声振/林木,响⑪/遏⑫/行云⑬。薛谭/乃谢⑭/求反⑮,终生/不敢言归。

(选自《列子》)

【注释】①薛(xuē)谭(tán)学讴(ōu):薛谭学习唱歌。薛谭是传说中秦国善于唱歌的人。讴:不用乐器伴奏的歌唱。②于:向。③未穷:没有全部学完。穷:尽,完。④技:这里指唱歌的技艺。⑤自谓尽之:自己以为已经学完了。⑥遂辞归:于是就告辞回家。⑦弗止:没有劝阻。弗:不。止:劝阻、挽留。⑧饯(jiàn)于郊衢(qú):在城外大道旁为他饯行。于:在。饯:设酒食送行。衢:四通八达的道路、大路。⑨抚节：打着节拍。⑩悲歌：唱起悲壮的歌曲。⑪响：声响，指响亮的歌声。⑫遏(è)：阻止。⑬行云：浮动着的云。⑭谢：道歉。⑮反：通“返”，返回。

【译文】薛谭向秦青学唱歌，还没有学完秦青的技艺，自认为学完了，于是就告辞回家。秦青没有劝阻，在城外大路边为他设酒饯行，打着节拍，唱起悲壮的歌，歌声振动了林木，歌声似乎止住了流云。薛谭于是向秦青道歉，要求回去继续学习，(他)一辈子也不敢再说要回家了。

【主题】这个寓言故事告诉人们，学无止境，不能学了一些就自满。学习一定要虚心，持之以恒。

猩猩/好①酒

猩猩/在山谷，行/常数百/为群。里人②/以酒并糟③/设于路侧。又爱/著屐④。里人/织草为屐，更/相连结。猩猩/见酒及屐，知/里人设张⑤，则⑥/知张者⑦/祖先姓字，及/呼名骂云⑧：“奴⑨/欲张我，舍尔/而去⑩。”复自/再三，相谓曰：“试/共尝酒。”及⑪/饮其味，逮⑫乎/醉，因/取屐/而著之，乃/为人⑬之/所擒，兼⑭获，辄/无遗者⑮。

(选自《唐文粹·猩猩铭》)

【注释】①好(hào)：喜欢，爱好。②里人：村庄里的人。③糟：这里指造酒剩下的渣滓。④著(zhuó)屐(jī)：穿鞋。屐：木底有齿的鞋子。⑤设张：设置诱捕的机关。⑥则：于是，就。⑦张者：设张的人。⑧云：道，说。⑨奴：混蛋，骂人的话。⑩舍尔而去：舍弃而离开。舍：舍弃。尔：代词。这：那。去：离开。⑪及：离别。⑫逮：到、及。⑬为人：被人。为，被。⑭兼：都、一起。⑮辄(zhé)无遗者：总是没有一只逃掉的。辄：总是，就。

【译文】猩猩住在山谷中，出去的时候通常都是几百只一群。村人就把酒和酒糟放在路边。(猩猩)又喜欢穿木屐。村里人就用草纺织成鞋子，然后连接在一起。猩猩看见酒和鞋子，知道是村里人设置诱捕的机关，而且知道设置机关的人的长辈的名字，并且喊着他们的名字骂道：“混蛋想搞机关捕我，(我)将放弃这些东西离开。”这样持续多次之后，(猩猩们)互相说：“(我们)试着品尝酒。”等到尝到味道，很快就醉了，于是取鞋子穿，终于被这些村里人抓住了，并且全部被抓了，没有一个漏网逃脱者。

【主题】这个寓言故事告诉人们：面对诱惑，头脑要清醒，知道不该做的事，一定不要去做，否则只会害了自己。

二、基础专题训练

1. 下列各句，属于固定句式的一句是(　　)。

A. 我非不知，并壳者，欲以去热也(《北人食菱》)

B. 猩猩在山谷，行常数百里为群(《猩猩好酒》)

C. 薛谭乃谢求反，终生不敢言归(《薛谭学讴》)

D. 学而时习之，不亦乐乎？(《论语》)

2. 按要求填空。

(1)“薛谭乃谢求反”中的“＿＿＿＿＿＿”是个通假字，和“＿＿＿＿＿＿”字通假，在句中是“＿＿＿＿＿＿”的意思。

(2)“舍尔而去”中的“＿＿＿＿＿”是个古今异义词，古义是＿＿＿＿＿，今义是＿＿＿＿＿的意思。

(3)《猩猩好酒》中猩猩为人所擒的原因是：＿＿＿＿＿＿＿＿＿＿＿＿＿＿＿＿＿＿＿＿＿＿＿＿＿＿＿＿＿＿＿＿＿＿＿＿＿。(找出文中的原句回答)

文言文特殊句式的类型

文言句子中，有的句式比较特殊，被称为特殊句式。特殊句式有判断句、被动句、省略句、倒装句四种类型。具体如下：

1. 表判断的特殊句式（这类句式被称为“判断句”）。如：

(1)陈胜者，阳城人也。（《陈涉世家》）

(2)吾盾之坚，物莫能陷也。（《矛与盾》）

2. 表被动的特殊句式（这类句子被称为“被动句”）。如：

(1)乃为人之所擒。（《猩猩好酒》）

(2)祇辱于奴隶人之手。（《马说》）

3. 句子中省略某些词语或内容的特殊句式（这类句子被称为“省略句”）。如：

(1)（他，指夸父）渴，欲得饮。（《夸父逐日》）（括号中的他是省略的内容）

(2)一鼓作气，再（鼓）而衰，三（鼓）而竭。（括号中的是省略的内容）

4. 句子中某些成分倒装的特殊句式（这类句子被称为“倒装句”）。如：

(1)甚矣，汝之不惠。（《愚公移山》）（原应为“汝之不惠，甚矣”）

(2)公与之乘，战于长勺。（《曹刿论战》）（原应为“公与之乘，于长勺战”）

一、文言文阅读积累

曹冲/称象

曹冲①/生②/五六岁，智意③/所及④，有/若⑤/成人。时/孙权⑥/曾致⑦巨象，太祖⑧/欲/知其/斤重，访⑨之/群下⑩，咸⑪/莫能/出/其理⑫。冲曰：“置⑬象于船上，而/刻其/水痕/所至。称物以载之，则校⑭可知。”太祖悦，即施行焉⑮。

（选自《三国志》）

【注释】①曹冲：曹操的儿子。②生：长到。③智意：智慧。④所及：可以达到的。及，达到。⑤若：像。⑥孙权：三国时期东吴的建立者。⑦致：送。⑧太祖：指曹操。⑨访：询问。⑩群下：手下群臣。⑪咸：全，都。⑫理：办法，道理。⑬置：安放。⑭校（jiào）：同“较”，比较。⑮施行焉：按这办法做了。

【译文】曹冲长到五六岁的时候，智慧所达到的程度，有点像成年人了。当时孙权曾送（曹操）一头大象，太祖曹操想知道它的重量，询问他的群臣，都不能想出（称象）的办法。曹冲说：“把大象放到大船上，在水没过留下痕迹的地方刻下记号。再称好实物装上船,那么比较一下就知道(重量)了。”太祖曹操很高兴,就按(他)说的办法做了。

【主题】这个故事称赞曹冲年幼时过人的聪慧。它告诉人们智慧不在于年龄大小,关键是遇事能否多动脑筋,善于想办法。

熟读/精思①

凡②/读书……须要/读得/字字响亮,不可/误③一字,不可/少一字,不可/多一字,不可/倒④一字,不可/牵强暗记⑤。只是/要/多诵⑥遍数,自然/上口,久远/不忘。古人云,“读书千遍,其义自见⑦。”谓⑧读得熟,则不待解说,自晓其义也。

(选自《训学斋规》,有删减)

【注释】①熟读精思:读书,先要熟读,再进一步仔细思考,然后才会有所收获。②凡:一切,所有的。③误:错。④倒:颠倒。⑤牵强暗记:勉强硬记。指文章还没读熟,就一句句地硬记。⑥诵:读。⑦见(xiàn):通“现”,显现。⑧谓:说。

【译文】凡是读书,需要读得字字响亮,不可读错一个字,不可少读一个字,不可多读一个字,不可颠倒一个字,不可牵强附会勉强硬记,只是要多念一些遍数,自然顺口,长时间不忘。古人说:“书读的遍数多了,其义自然就会显现出来。”这是说,读得熟,不需要再解释,自己就会明白其中的含义了。

【主题】这段话说的是作者的读书心得,揭示了熟读精思的意义和作用。它对人们今天的学习,仍有启发。

二、基础专题训练

1. 给《曹冲称象》《熟读精思》两文中画“~~~~”的句子,用“/”标出句中的停顿。

2. 下列说法中,对的打“√”,错的打“×”。

(1)判断句是文言文特殊句式中的一种。 (　　)

(2)“而身为宋国笑”是一个被动句。 (　　)

(3)“读书千遍,其义自见”的“见”读“xiàn”。 (　　)

(4)《曹冲称象》的主题是说明曹冲小时候很聪明。 (　　)

3. 下列句子中加点词解释有误的一项是(　　)。

A. 凡(只要)读书,须要读得字字响亮

B. 智竞所及,有若(像)成人

C. 太祖欲知其(指巨象)斤重

4. 背诵《熟读精思》。

文言文特殊句式的识别与理解

1.判断句式常有“……者……也”“……也”“……者也”或“乃、即、则、皆”“为、是”“非”等词语，可据此识别与理解。如：

(1)弈秋，通国之善弈者也。(弈秋是全国最会下棋的人。)(《学弈》)

(2)马虽良，此非楚之路也。(马即使好，但这不是去楚国的路啊。)(《南辕北辙》)

2.被动句式常有“于”“见”“为”等词语，可据此识别与理解。如：

(1)吴广素爱人，士卒多为用者。(吴广一向很关心别人，士兵们大多愿意被他调遣。)(《陈涉世家》)

(2)胡不见我于王？(为什么不引我去见楚王呢?)(《公输》)

3.省略句式没有固定的标志性词语，是否省略、省略了什么主要依靠对句子意思的理解。

4.倒装句式也没有固定的标志性词语，句子成分是否倒装，主要也是依靠对句子意思的理解。

一、文言文阅读积累

王积薪[①]/闻棋

王积薪/棋术/功成，自谓[②]/天下无敌[③]。将/游京师[④]，宿于/逆旅[⑤]。既[⑥]/灭烛，闻/主人媪[⑦]/隔壁/呼其妇[⑧]曰：“良宵[⑨]/难遣[⑩]，可/棋/一局[⑪]乎?”妇曰：“诺[⑫]。”媪曰：“第几道[⑬]/下子矣。”妇曰：“第几道/下子矣。”各言/数十[⑭]。媪曰：“尔[⑮]/败矣。”妇曰：“伏局[⑯]。”积薪/暗记，明日/复/其势，意思[⑰]/皆/所不及也。

(选自《唐国史补》)

【注释】①王积薪(xīn)：唐朝著名围棋手。②谓：认为。③敌：匹敌，相等。④京师：京城，首都。⑤逆旅：旅店。⑥既：已经。⑦媪(ǎo)：老妇人。⑧妇：指儿媳。⑨良宵：美好的夜晚。⑩难遣：难以消遣。⑪棋一局：下盘棋。棋：名词作动词，下棋。⑫诺(nuò)：表示应答的词。⑬道：指围棋下子的位置。唐代的围棋，棋盘纵横各十九道线，双方均在横竖线的交叉点上布子。⑭各言数十：意即各自说了几十步棋。⑮尔：你。⑯伏局：这一局认输。⑰意思：指下每一步棋的思路。

【译文】王积薪棋艺有了成就，自认为天下没人与他匹敌。打算游览京城，在旅店住宿。已经灭烛，听主人家的老妇人隔着墙壁喊她的媳妇说："美好的夜晚难以排遣，可否下盘棋吗？"儿媳说："好的。"老妇人说："下第几道子了？"媳妇说："下第几道子了。"她们各自说了几十道了。老妇人说："你败了。"媳妇说："我这局认输。"王积薪暗自记下棋局，按她们昨晚的落子恢复棋局，觉得思路比不上她们。

【主题】这个故事告诉我们，艺无止境，"强中自有强中手"，为人不能骄傲自满、目中无人，而要虚心谦逊。

欧阳修①/论作文

顷岁②，孙莘老③/识欧阳文忠公④，尝/乘间以文字/问之⑤。云⑥："无它术⑦，惟/勤读书/而多为之，自工⑧；世人患/作文字少⑨，又/懒读书，每一篇/出，即⑩/求/过⑪人，如此/少有至者⑫。疵⑬病/不必待人/指摘⑭，多作/自能见之⑮。"

（选自《东坡全集》）

【注释】①欧阳修，字永叔，号醉翁、六一居士，北宋政治家、文学家、史学家。②顷岁：近年来。③孙莘(shēn)老：孙觉，字莘老。④欧阳文忠公：即欧阳修，他死后谥号文忠。⑤尝乘间以文字问之：曾经以写作一事问他。尝：曾经。乘间：乘机。之：他，指欧阳修。⑥云：说。⑦无它术：没有别的办法。它：别的，其他。术：办法。⑧工：精，妙。⑨世人患作文字少：世人的弊病在于写作太少。患：弊病、毛病。⑩即：就。⑪过：超过。⑫如此少有至者：像这样很少有达到目的的。如此：这样。至：达到。⑬疵(cī)：毛病，缺点。⑭指摘：挑剔，批评。⑮见之：发现疵病。见：发现。之：它，指疵病。

【译文】近年来，孙莘老结识了欧阳修，曾经以写作一事问他。欧阳修说："没有其他办法，只有勤奋读书多动笔，文章自然会精妙；世人的弊病在于写作太少，又懒于读书，每写出一篇文章，就想超过别人，像这样很少有达到目的的人。文章的毛病不需要别人指出，只需写多了就能自己发现毛病。"

【主题】这篇短文告诉人们，要写好文章，其诀窍就是要勤奋，多读多写，这才是提高写作水平的好办法。

二、基础专题训练

1."群儿戏于庭"是一个倒装句，正确的语序应是(　　)。

A. 群儿戏庭于　　　B. 群儿于庭戏

C. 群儿戏于庭　　　　D. 于庭戏群儿

2. 下列补上的省略成分中，正确的一项是(　　)。

A. 主人感叹，资给以书，(主人)遂成大学

B. 主人感叹，资给以书，(匡衡)遂成大学

C. 主人感叹，资给以书，(邻舍)遂成大学

3. 圈出下列句中表示被动的词。

(1)青，取之于蓝。

(2)项籍以力斗，然终为刘所败。

(3)将游京师，宿于逆旅。

4. 欧阳修说的写好文章的诀窍是什么？(用文中的原句回答)

______________________________________。

第六单元

了解文言文的翻译

一、学习目标

1. 了解小学生翻译文言文的要求。

2. 学习文言文翻译的方法，了解文言文翻译的注意问题。

3. 阅读、积累八篇文言短文，背诵《颜氏家训》选读，完成本单元的相关练习。

二、单元学习提示

本单元由四篇小常识、八篇文言短文和相关的练习组成。单元学习重点是学习把浅显文言文的句、段翻译成白话文。

本单元的学习，请注意以下几点：

1. 学习顺序，可按单元学习内容安排的先后顺序进行，即先了解小学生翻译文言文的具体要求，接着学翻译方法，然后再了解文言文翻译的注意问题。

2. 本单元所介绍的直译、意译两种翻译方法，主要是借助具体的例句来介绍。因此，请小朋友一定要把例句读懂，仔细想想文言文原句是怎样的，翻译后的译文句子又是怎样的。同时，还要比较直译与意译有哪些不同，以便进一步加深对例句的理解。

3. 本单元安排的翻译练习，请按照不同的要求来翻译。

对小学生的文言文翻译有些什么要求？

教育部组织编写的现行小学语文教材，从小学三年级开始就安排学生学习文言文。在学习过程中，则要求说说文言词句的意思；这其实就是一种把文言文翻译成白话文的基础训练。具体的要求是：

1. 能借助注释或工具书，把一个浅显的文言句子或一段话译成白话文。翻译后的文句要与文言文原文意思大致相同，该翻译的字词都能准确翻译，并做到不随意增加内容。

2. 翻译过来的文句，没有错别字。句子意思大致完整、通顺，没有语病。

一、文言文阅读积累

孔融①/让梨

孔融，字②/文举，鲁国人，孔子/二十四世孙也。高祖父③/尚，钜鹿④/太守⑤。父/宙，泰山⑥/都尉⑦。融/别传⑧曰：融四岁，与兄食梨，辄⑨引⑩小者。人问其⑪故⑫，答曰："小儿，法⑬当取小者。"

（选自《世说新语》）

【注释】①孔融：鲁国鲁县（今山东曲阜）人，东汉末文学家。曾为虎贲中郎将、北海相等。②字：古人的别名。③高祖父：祖父的爷爷。④钜（jù）鹿：汉代郡名。⑤太守：古代官名。⑥泰山：古代地名。⑦都尉：古代武官名。⑧别传：除正式的传记外所作的传述等某些事迹的传记。⑨辄（zhé）：总是，就。⑩引：这里是拿、取的意思。⑪其：代词，他，指孔融。⑫故：缘故、原因。⑬法：道理、规矩。

【译文】孔融，字文举，鲁国人，是孔子的第二十四世孙。高祖父孔尚，是钜鹿太守。父亲孔宙，当过泰山都尉。在孔融别传上说：孔融四岁时，与兄弟一起吃梨，总是拿最小的。有人问他什么缘故，（他）回答说："我年纪小，照理应当拿小的。"

【主题】这个故事告诉人们，谦让是中华民族的传统美德，遇事要照规矩去做。

家 诫①

玉不琢②，不成器③；人不学，不知道④。然⑤玉之为物，有不变之常德⑥，虽⑦不琢以为器，而犹⑧不害⑨为玉也。人之性⑩/因⑪物/则迁⑫，不学，则/舍君子/而为⑬小人，可/不慎⑭哉？

（选自《海学说》）

【注释】①家诫：家训。②琢：雕刻。③器：器物。④道：道理。⑤然：然而，但是。⑥常德：指固定不变的性质。⑦虽：即使。⑧犹：仍然。⑨害：妨碍。⑩性：本性、品德。⑪因：随着。⑫迁：改变。⑬为：做。⑭慎：警惕。

【译文】玉石不经过雕琢，就不能制作成器物；人不通过学习，就不懂得道理。然而，玉石这种东西，有比较稳固的定性，即使不能成为器物，也不失为玉。可是人的本性，会随着外界事物的影响而发生变化，如果不学习，就不能成为君子而会成为小人。这能不令我们时时警惕吗？

【主题】这篇短文通过比较人与玉的特点，说明一个人即使有着良好的天赋，但如无好学进取之心，也会成为庸庸碌碌之辈。一个人只有不断学习修养，才能奋发有为。

二、基础专题训练

1. 给《孔融让梨》《家诫》两文中画“~~~~”的句子，用“/”标出句中停顿。

2. 下列加点词语解释有误的是（　　）。

　A. 然玉之为物（虽然）

　B. 人之性因物则迁（改变）

　C. 小儿，法（道理、规矩）当取小者

　D. 人问其故（缘故）

3. 根据下列句子意思，找出文中的原句并写下来。

　(1)父亲孔宙，当过泰山都尉。

　______________________________。

　(2)即使不能成为器物，也不失为玉。

　______________________________。

4. 《家诫》中说，人不学，会有怎样的后果？（找出原句回答）

______________________________。

5. 背诵《家诫》。

文言文翻译的方法——直译

文言文翻译有两种方法，一种叫“直译”，就是将文言文一个字一个字依次对应翻译。如：

1.是炎帝之少女，名曰女娃。(《精卫填海》)

(这是)(炎帝)(的)(小女儿)，(名字)(叫)(女娃)。

2.以子之矛，陷子之盾，何如？(《自相矛盾》)

(用)(你)(的)(矛)，(刺)(你)(的)(盾)，(怎么样)？

3 北山愚公者，年且九十，面山而居。(《愚公移山》)

(北山)(有个叫愚公的人)(年纪)(将近)(九十)，(面对)(山)(而)(居住)。

直译的优点是方法简单，容易字字落实，有利于传达原文意思，体现原文风貌。缺点是有的句子表达的意思会不很清楚(如第三个例句)。

一、文言文阅读积累

道旁/苦李

王戎①/七岁，尝/与/诸②小儿/游③。看道边/李树/多子④/折枝⑤。诸小儿/竞⑥走⑦取之⑧，唯/戎/不动。人问之，答曰：“树/在道旁/而多子，此/必/苦李。”取之，信然⑨。

(选自《世说新语》)

【注释】①王戎(róng)：字浚冲，山东琅琊人，晋代竹林七贤之一。②诸：众。③游：玩。④子：果实。⑤折枝：压弯了树枝。⑥竞：争着。⑦走：跑。⑧之：代词，它，指李子。⑨信然：果然是这样。

【译文】王戎七岁时，曾经和许多小孩子一起玩耍。看到路边有棵李树，结满了果子，树枝都被压弯了。众多小朋友都争着去摘李子，只有王戎没有动。有人问他(为什么不去摘李子)，(他)回答说：“树长在路边而有那么多李子，这一定是苦李子。”摘来一尝，果然是这样。

【主题】这个故事赞扬王戎不盲从，能独立思考，动脑筋。它告诉人们要仔细观察、深入思考，这样才能做出正确判断。

预浩①/造塔

开宝寺/塔②，在京师③诸塔中/最高，而制度④/甚精，都料匠⑤/预浩/所造也。塔初[⑥]成，望之[⑦]不正/而/势倾[⑧]西北。人/怪而问之[⑨]，浩曰："京师/地平无山，而/多西北风，吹之/上百年，当/正也。"其[⑩]/用心之精，盖[⑪]/如此[⑫]！

（选自《归田录》）

【注释】①预浩：北宋初的著名建筑师，曾任杭州都料匠。②开宝寺塔：宝塔名，建在北宋都城汴京(今河南开封)。③京师：京城。④制度：规划、设计。⑤都料匠：官名，掌管土木工程设计与施工的总负责人。⑥初：刚刚，当初。⑦之：代词，它，指塔。⑧倾：斜。⑨之：代词，他，指预浩。⑩其：代词，他，指预浩。⑪盖：原来。⑫如此：这样。

【译文】开宝寺塔，在京城所有的宝塔中最高，而且设计很精巧，是都料匠预浩设计建造的。塔当初建成时，望过去塔身不正，而且向西北倾斜。人们感到奇怪，就问预浩，预浩说："京城地平无山，而多西北风，这样吹用不了一百年，塔身就会正了。"他考量问题精巧周密，原来就像这样！

【主题】这个故事赞扬了古代工匠预浩建筑工程设计的精巧。

二、基础专题训练

1. 下列句中"之"字解释不对的一项是（　　）。

A. 人怪而问之(他，指预浩)

B. 吹之(助词，无义)上百年

C. 其用心之(助词，的)精

D. 取之(助词，无义)信然

2. 解释下列句中加点的词语。

(1)而制度(　　　　　　)甚精

(2)在京师诸(　　　　　　)塔中最高

(3)尝(　　　　　　)与诸小儿

(4)其用心之精，盖(　　　　　　)如此

3. 用直译的方法翻译下列句子。

(1)树在道旁而多子，此必苦李。

____

(2)塔初成，望之不正而势倾西北。

____

(3)京师地平无山，而多西北风，吹上百年，当正也。

____

文言文翻译的方法——意译

文言文翻译的第二种方法叫"意译"，就是按文言句子的意思翻译。用这种方法翻译可以根据需要增删内容，调整词的前后次序。如：

1.锺子期曰："善哉，峨峨兮若泰山！"(《伯牙绝弦》)

锺子期(听了赞叹)说："(弹得)太好了，就像巍峨的泰山(屹立在我的面前)！"(括号中的内容都是根据句意加上去的)

2.未至，道渴而死。(《夸父逐日》)

还没走到(大湖)，(夸父)就在半路上渴死了。(括号中的内容也都是根据句意加上去的)

3.为亲负百里之外，不可得也。(《子路负米》)

为父母去百里之外背(米)，也无法如愿了。(这一句把"负"字，从"百里之外"前，调整到"百里之外"的后面了)

一、文言文阅读积累

弃书/捐[①]剑

项籍[②]少[③]时，学书[④]不成，去；学剑，又不成。项梁[⑤]怒之[⑥]。籍曰："书，足以[⑦]记名姓而已[⑧]。剑，一人敌[⑨]，不足[⑩]学，学万人敌。"于是/项梁/乃[⑪]/教籍兵法，籍/大喜，略[⑫]知/其意，又/不肯竟[⑬]学。后刘[⑭]、项/相争，刘邦/智取，项籍/以[⑮]力/斗，然/终/为[⑯]刘所败，乃/智穷[⑰]也。

(选自《史记》)

【注释】①捐：舍弃。②项籍：名籍，字羽。③少：年轻。④书：写字、书法。⑤项梁：项羽的叔父。⑥怒之：对他很生气。之：代词，他，指项羽。⑦足以：能够。⑧而已：罢了。⑨敌：抵挡。⑩足：值得。⑪乃：于是。⑫略：大概。⑬竟：最终、完毕。⑭刘：刘邦。⑮以：凭，用。⑯为……所：被……所……。⑰穷：尽、完。

【译文】项籍年少时学习写字识字，没有学成就放弃了；学剑，又没有学成。项梁对他十分生气。项羽说："写字，只能用来记名姓罢了。剑术，只能用来抵挡一个人，不值得学；(我)要学习能敌万人的本领。"于是项梁就教项羽兵法，项羽十分高兴，但略微懂得一些兵法的大意，又不肯深入学习下去。后来刘邦与项羽争夺天下,刘邦凭借智取,而项羽则用蛮力拼斗,然而最终还是被刘邦打败了,是智力不足啊!

【主题】这个故事告诉我们,学习一定要持之以恒,坚持到底,不能学一点就放弃,这样会徒劳无功、一事无成。

拾金/不昧[①]

秀才[②]/何岳,号/畏斋。曾/夜行/拾得银/二百余两,不敢/与家人言之[③],恐[④]/劝/令[⑤]留金也。次早/携[⑥]/至拾银处,见/一人/寻至,问/其银数与封识/[⑦]皆合,遂以[⑧]/还之。其人/欲/分数金/为谢,畏斋曰:"拾金而人不知,皆我物也,何利[⑨]此数金乎?"其人谢而去。

(选自《金陵锁事》,有删减)

【注释】①拾金不昧(mèi):拾到东西,不隐藏起来据为己有,而是设法交还失主。金:金钱,泛指各种贵重物品。昧:隐藏。②秀才:书生,读书人。③之:代词,它,指这件事。④恐:恐怕、担心。⑤令:让,要求。⑥携:带。⑦封识(zhì):封存的标志。⑧遂:于是,就。⑨利:贪图。

【译文】秀才何岳,号畏斋。曾经在晚上走路时拾到二百余两银子,他不敢和家里人说起这件事,担心家里人会让他把拾到的银子留下来。第二天早晨(他)到拾到银子的地方,看到一个人也正寻到这里,(何岳)问他银子的数量和封存的标志,都相符合,于是就把(银子)还给了他。那个人想拿出一些银子作为酬谢,畏斋说:"我拾到银子而没人知道,这些就都算是我的东西了。(我)何必贪图这些银子呢?"那个人很感谢地离开了。

【主题】这个故事赞扬了秀才拾金不昧的好品行。说明拾金不昧是中华民族的传统美德。

二、基础专题训练

1. 给《弃书捐剑》《拾金不昧》两文中画"~~~~"的句子,用"/"标出句中的停顿。

2. 下列句中"而"字解释有误的一项是(　　)。

A. 其人感谢而(连词,表承接)去

B. 郑人买其椟而(表转折,却)还其珠

C. 至之市而(连词,表转折,却、但)忘操之

D. 舟已行矣,而(连词,而且)剑不行

3. 选合适答案的序号填在括号里。

A. 判断句　　B. 被动句　　C. 倒装句　　D. 省略句

(1)然终为刘邦所败(　　)

(2)拾金而人不知,皆我物也(　　)

(3)甚矣,汝之不惠(　　)

4.用意译的方法翻译下列句子。

(1)不敢与家人言之,恐劝令留金也。

(2)项籍少时,学书不成,去;学剑,又不成。

(3)略知其意,又不肯竟学。

(4)拾金而人不知,皆我物也。

文言文翻译需要注意什么？

小学生翻译文言文时需要注意：

1.注意步骤：要先把句子读懂，一个字一个字地理解，再把这些字（词）的意思连起来口头说说，品味句子是否通顺，再写下来。

2.注意方法：要以直译为主，无法直译时，再用意译的方法翻译。

3.注意删、补、留、调：①句中“夫、矣”等无实义的词可删去不译；②句中“天、地”等古今意义相同的词及“夸父、泰山、太守”等表示人名、地名、官名等词语可保留，不用翻译；③句中省略的内容要补上；④句中原来词序颠倒的词语应调整词序。

4.注意字字落实，即尽可能把句中的每个词都翻译出来，用上去。

一、文言文阅读积累

赵广/拒画

赵广，合肥人，本/李伯时[1]家/小吏[2]。伯时/作画，每[3]/使[4]侍左右，久之/遂[5]善[6]画，尤[7]工[8]/作马，几[9]能/乱真[10]。建炎[11]中/陷贼[12]。贼/闻其善画，使图/所掳妇人[13]。广毅然辞[14]以实不能画。胁以白刃[15]。不从，遂断右手拇指遣去[16]。

（选自《老学庵笔记》，有删减）

【注释】①李伯时：北宋名画家。②小吏：这里指小书僮。③每：常。④使：让。⑤遂：于是，就。⑥善：善于、擅长。⑦尤：尤其，特别。⑧工：善于，擅长。⑨几：几乎，差不多。⑩乱真：模仿得很像，使人难辨真假。⑪建炎：南宋高宗的年号。⑫陷贼：落入敌人之手。贼：这里指金兵。⑬使图所掳妇人：让他画抢来的妇女。使：让。图：画。掳：抢。⑭辞：推辞，拒绝。⑮胁以白刃（rèn）：即以白刃胁，拿快刀来威胁。以：用、拿。白刃：快刀。胁：威胁。⑯遣去：打发他离开。遣：打发。去：离开。

【译文】赵广，合肥人，本来是李伯时家的小书僮。伯时作画的时候，常常让（他）在旁边服侍，时间长了（赵广）也就擅长画画了，尤其擅长画马，几乎可以以假乱真。建炎中（他）落在金兵手里。敌人听说他擅长画画，让他画抢来的妇女。赵广毅然拒绝说不能画。（金兵）用快刀威胁他，（赵广）也不听从，于是砍断了

(他)的右手拇指打发他离开。

【主题】这个故事表现和赞颂了赵广宁死也不给敌人作画、威武不屈的民族气节。

《颜氏家训》[1]选读

父兄/不可常依[2],乡国[3]/不可常保[4],一旦流离,无人/庇荫[5],当/自求诸身耳。谚曰:“积财/千万,不如/薄技[6]在身。”夫/生[7]/不可不惜,不可/苟惜[8]。行诚孝[9]而见贼[10],履仁义而得罪,丧身以全家,泯躯[11]而济国,君子不咎[12]也。

【注释】①《颜氏家训》:即颜之推家的家训。②常依:长久依靠。③乡国:这里指家乡。④常保:长保(安定)。长久太平而不遭战乱。⑤庇(bì)荫:保护。⑥薄技:小技能。⑦生:生命。⑧苟(gǒu)惜:不当惜而惜。苟,姑且、暂且。⑨行诚孝:做忠诚孝顺的事。⑩见贼:被伤害。见:被。⑪泯(mǐn)躯:牺牲生命。泯:消失。⑫咎(jiù):责备。

【译文】父亲兄长不可长久依赖,家乡不能保证永远太平、不遭战乱,一旦有一天流离失所,就没人保护你,只好依靠自己。所以谚语说:“积聚很多的财富,还不如学会一种小小的谋生技能。”生命不能不珍惜,也不能苟且偷生。做忠孝的事而遭伤害,做仁义的事而被处罚,牺牲自己而保全家族,牺牲生命而拯救国家,这些对君子来说都是不会被责备的。

【主题】这几段《颜氏家训》,就如何为人处世以及处理个人、家庭与国家之间的关系,阐述了作者的观点,能给人有益的启迪。

二、基础专题训练

1. 给《赵广拒画》《颜氏家训》选读两文中画“～～～”的句子,用“/”标出句中的停顿。
2. 翻译下列句子。

(1)贼闻其善画,使图所掳妇人。

____

(2)一旦流离,无人庇荫,当自求诸身耳。

____

3. 对“积财千万，不如薄技在身”一句理解正确的是（　　）。

A. 积累财富和学会一项谋生技能同样重要

B. 强调学会一种谋生技能的重要

C. 强调积累财富的重要

4. 学了《颜氏家训》选读，对你有什么启迪？（谈一点即可）

____

第七单元

了解小学的文言文考查

一、学习目标

1. 了解小学文言文考查的内容。
2. 了解小学文言文各个知识点(即考点)的答题方法。
3. 阅读积累十四篇文言短文,背诵《破瓮救友》《伯牙绝弦》和《学弈》,完成相应练习。

二、单元学习提示

本单元由七篇小常识、十四篇文言短文及相应的练习组成,单元学习重点是了解小学文言文考查的内容及答题方法。

文言文,是小学中、高年级语文考查的重要内容之一。了解考点(即考查内容),学习掌握答题方法,对提高文言文复习效果、取得好成绩作用甚大。特别是本单元所介绍的答题方法,不仅适用于小学生,也同样适用于今后初中的文言文学习。

从本单元开始,不再对文言短文句中停顿,用“/”做出标志。这是为了给小朋友提供更多自主确定文言文句中停顿的机会,以逐步培养独立阅读文言文的能力。

小学文言文考查，常考哪些内容？

小常识一

小学生的文言文考查，一般既考课内文言文，也常考课外简短浅显、适合小学生阅读的文言文。常考的具体内容有：

1.常考查阅读积累。凡作为课文的文言文，常考查背诵，默写。

2.常考查对课内文言文中字词的理解，其中在注释中出现的字词更是考查的重点。而字词考查的内容包括字音、词义，以及对注释中已注明通假字、古今异义词的认识与了解等。

3.常考查对句子意思的理解和要求将文言句子翻译成白话文。

4.常考查对简短、浅显文言文内容、主题的理解。

5.常考查对文言文基础知识的了解。

一、文言文阅读积累

铁杵/磨针①

李白读书未成，弃去②。道逢老妪③方磨铁杵，白问之故④，曰："欲⑤作针。"白笑其拙⑥，老妇曰："功到自然成耳⑦。"白大为感动，遂还读卒业⑧。卒⑨成名士。

（选自《潜确类书》）

【注释】①铁杵（chǔ）磨针：把铁杵磨成针。铁杵：铁棒槌。针：绣花缝衣的针。②弃去：丢下书本离开。③老妪（yù）：老婆婆。④故：原因。⑤欲：想要。⑥拙（zhuō）：愚笨。⑦耳：语气词，表示疑问，不译。⑧卒业：完成学业。卒：完毕，结束。⑨卒：终，最终。

【译文】李白书还没读完，就丢下书本外出去玩了。路上碰到一位老婆婆在磨一根铁棒。李白问她磨铁棒做什么，老婆婆说："要把它磨成针。"李白笑她愚笨，老婆婆说："功夫到了自然就会成功。"李白被老婆婆的言行深深感动，于是就回去读书完成学业，最终成了一位大诗人。

【主题】这个故事告诉人们，只要肯下功夫，坚持不懈，一定会做出成绩。

陶母责子

陶侃[1]，为东晋之大将军。于[2]国为[3]栋梁，于民若父母，世人重之。其少时为河梁吏[4]。尝[5]以一坩[6]鲊[7]饷母[8]。母曰：“此何来？”使者曰：“官府所有。”母封鲊反书[9]，责侃曰：“汝[10]为吏，以官物见饷[11]，非唯不益，乃[12]增吾忧也！”

（选自《世说新语》）

【注释】①陶侃(kǎn)：东晋名将军，陶渊明的曾祖，东晋浔阳人。②于：对。③为：是。④河梁吏：管理河道与渔业的官吏。⑤尝：曾经。⑥坩(gān)：盛物的陶器。⑦鲊(zhǎ)：经过腌制的鱼类食品。⑧饷(xiǎng)：款待母亲。饷：用酒食等款待。⑨反书：回信。⑩汝(rǔ)：你。⑪见饷：赠送我。⑫非唯……乃：不但……而且……。

【译文】陶侃，是东晋的大将军。对国家来说，(他)是国家的栋梁；对老百姓来说，就像百姓的父母。(所以，)世人都很敬重他。陶侃年轻时做过管理河道与渔业的官吏，曾经派差役把一坛腌制的鱼送给母亲享用。(陶侃的)母亲问：“这鱼是从哪里拿来的？”差役说：“官府的东西。”

(陶侃的)母亲把送来的腌鱼封好，并写了一封回信，(信中)责备陶侃说：“你身为官吏，拿官府的东西来送给我，不但没有一点好处，而且(反而)增加了我的担忧。”

【主题】这个故事通过陶母拒收儿子所送的一坛腌鱼，并严肃批评儿子行为不当的事，表现了陶母清廉，严格要求儿子的好品质。同时，亦说明陶母教子有方。

二、基础专题训练

1. 朗读《铁杵磨针》《陶母责子》，注意句中恰当停顿，读得顺畅、流利。

2. 下列句子中带点字解释有误的一项是(　　)。

A. 陶侃，为(是)东晋之大将军

B. 白问之(代词，她，指老妇)故

C. 卒(完成)成名士

3. 翻译下列句子。

(1)其少时为河梁吏，尝以一坩鲊饷母。

____

____

(2)白笑其拙,老妇曰:“功到自然成耳。”

____

____

4.“汝为吏,以官物见饷,非唯不益,乃增吾忧也”这句话反映了(　　)。

A. 陶侃母亲对陶侃的赞许

B. 陶母公私分明,严格要求儿子清廉为官的好品质

C. 陶侃对母亲的孝心

小学文言文的字词考查，应注意什么？

小学生课内外文言文中学过的字词，是每次考试必考的内容之一。常用的试题有“解释句中加点的字词”“给一些字词选正确的读音或字(词)义”等。

常见的多音字、通假字、一字(词)多义的字(词)以及古今异义词，常常会考到。这些字词小朋友一定要切实掌握。

每篇文言文后面注释部分的字、词，也常常要考。请同学们仔细阅读，努力记住。

此外，要求按文言文原文填空的试题，切勿加字、漏字或写错别字；不然，很有可能会因一处出错而扣光全题的分数。

一、文言文阅读积累

刮骨疗毒[1]

羽[2]尝为流矢[3]所中，贯[4]其左臂，后创[5]虽愈，每至阴雨，骨常疼痛。医曰：“矢镞[6]有毒，毒入于骨，当破臂作[7]创，刮骨去[8]毒，然后此患乃除耳。”羽便伸臂令医劈[9]之。时羽适[10]请诸将饮食相对，臂血流离[11]，盈[12]于盘器，而羽割炙[13]引[14]酒，言笑自若！

（选自《三国志·蜀书》）

【注释】①刮骨疗毒：指将深入骨头的毒液用刀刮除，以达到治疗的目的。疗：治疗。②羽：指关羽，三国时期蜀国大将。③流矢(shǐ)：乱箭。矢：箭。④贯：穿透。⑤创(chuàng)：伤口。⑥镞(zú)：金属箭头。⑦作：打开。⑧去：除。⑨劈(pī)：用刀破开。⑩适：恰好。⑪流离：淋漓。⑫盈：满。⑬炙：烧，这里指烤熟的肉。⑭引：拿、取。

【译文】关羽曾经被乱箭射中，贯穿左臂，后来伤口虽然痊愈，(但)每到阴雨天，骨头常常疼痛。医生说：“箭头有毒，毒已深入骨头，应当刮开手臂打开伤口，刮骨头去掉毒，这样这个隐患才可以除去。”关羽便伸出手臂让医生用刀破开它。当时关羽正在和众将领围坐一起喝酒，手臂鲜血淋漓，都满出盛血的盘器了，而关羽却割肉喝酒，谈笑自如。

【主题】这个故事表现了关羽非凡的意志、毅力和勇敢，也说明当时大夫医术的高明。

破瓮①救友

光②生七岁，凛然③如成人。闻讲《左氏春秋》④，爱之⑤，退为家人讲，即/了其大旨⑥，自是⑦手不释⑧书，至不知/饥渴寒暑。群儿戏于庭，一儿登瓮，足跌没⑨水中，众皆弃去⑩，光持石击瓮破之⑪。水迸⑫儿得活。

（选自《宋史·司马光传》）

【注释】①瓮(wèng)：一种陶器。②光：即司马光，字君实，北宋陕州夏县(今山西夏县)人，曾封国公。③凛(lǐn)然：庄重、严肃的样子。④《左氏春秋》：又称《左传》。相传为春秋时期左丘明编纂的一部史书。⑤之：代词，指《左氏春秋》。⑥大旨：大意，主要内容。⑦自是：自此，从此。是：此，这。⑧释：放下。⑨没(mò)：淹没。⑩弃去：逃走。⑪之：代词，指瓮。⑫迸：这里指水急速地流出。

【译文】司马光七岁的时候，庄重、严肃得像一个成年人。听说讲《左氏春秋》，十分喜欢《左氏春秋》，回到家里给家里人讲，即了解书的大致内容。从此，手不放下书，甚至到了不知饥渴冷热的程度。(有一天，)一群小孩子在庭院里玩，一个孩子爬上大缸(即瓮)上面，失足跌落缸中被水淹没了。其他孩子都跑掉了，司马光拿起石头砸破了水缸。水急速地流出来了，小孩子得救了。

【主题】这个故事赞扬司马光临危不慌，智救小朋友的良好品行。它提示人们，遇到紧急情况不要慌张，要沉着冷静，动脑筋去解决问题。

二、基础专题训练

1. 正确朗读《刮骨疗毒》《破瓮救友》，注意句中恰当停顿，读得顺畅、流利。

2. 参考注释、译文，解释下列句中带点的字。

于：
- 毒入于(　　　)骨
- 群儿戏于(　　　)庭
- 于(　　　)物无不陷也

之：
- 爱之(　　　)，退为家人讲
- 光持石击瓮破之(　　　)
- 令医劈之(　　　)

3. 解释下列句中加点的字。

(1)自是(　　　　)手不释(　　　　)书……

(2)退为(　　　　)家人讲，即了(　　　　)其大旨(　　　　)。

(3)然后(　　　　)此患乃除耳(　　　　)。

4. 根据《破瓮救友》原文填空。

光生七岁，凛然(　　　　)成人。(　　　　)《左氏春秋》。(　　　　)之，退为家人讲，(　　　　)了其大旨。

5. 背诵《破瓮救友》。

小学文言文的句子考查，应注意什么？

小学文言文的句子考查，有三种方式：其一，常用选择题或判断题的方式，考查对句子意思的理解，而这两类题答案的对错常常似是而非，很难区分。所以要格外小心，仔细辨别。其二，常考查根据句子意思，写出相应的文言句子。这里所谓的“句子意思”，实际上就是文言文的译文。此题实际上也就是根据译文写出文言文原句。做这类题，读过的文言文一定要熟记于心，这样才能看到译文便会想起文言文原句。要注意写出来的原句要绝对正确，不能多一字、少一字或错一字。其三，常考把文言句子翻译成白话文的句子。做这类题，着重注意把句子中每一个有实际意义的词都翻译出来，翻译后的句子应通顺，且没有语病，没有错别字。

一、文言文阅读积累

子罕①不受玉

宋人或②得玉，献诸③子罕，子罕弗受④。献玉者曰：“以示⑤玉人⑥，玉人以为宝也，故敢献之。”子罕曰：“我以不贪为宝，尔⑦以玉为宝。若以与⑧我，皆丧宝也，不若人有其宝⑨。”稽首⑩而告曰：“小人⑪怀璧⑫，不可以越乡⑬。纳⑭此以请死⑮也。”子罕置诸其里⑯，使⑰玉人为之攻之⑱，富而后使复其所⑲。

（选自《左传》）

【注释】①子罕（hǎn）：春秋时期宋国大夫。②或：有人。③诸：“之于”的合音。④弗受：不接受。⑤示：给……看。⑥玉人：玉匠。⑦尔：你。⑧与：给。⑨不若人有其宝：不如各人保有自己的宝物。⑩稽首：古人的一种跪拜礼。⑪小人：古人自谦的称呼。⑫璧：宝玉。⑬越乡：远离家乡。⑭纳：收纳，收下。⑮请死：请求免于一死。⑯其里：他所在的乡里。里：乡里，街巷。⑰使：让。⑱为之攻之：替献玉人雕琢好那块玉。攻：雕琢。⑲复其所：返回他的家乡。复：返回。其：代词，他，指献玉人。

【译文】有一个宋国人得到了一块宝玉，献给子罕，子罕不肯接受。献玉者说：“我已经拿它给玉匠看了，玉匠认为是宝玉，所以（我）才敢把（它）献给你。”子罕说：“我拿不贪作为宝物。你把玉作为珍宝，如果把玉给我，那么两人都失去了宝物，不如我们各人拥有自己的宝物。”（献宝人）跪拜请求说：“让我怀揣着宝玉，外乡也不敢去。请你收纳宝物来避免我的杀身之祸。”子罕把(这个人)安之于自己的乡里,让一位玉匠为他雕琢宝玉,(在卖掉宝玉)让他富起来后才让他返回他的故里。

【主题】这个故事赞美子罕廉洁、不贪的美德,也赞颂了他能为他人着想,无私帮助别人的品行。

卧薪尝胆[1]

吴[2]既赦[3]越[4],越王勾践反[5]国,乃苦身[6]焦思,置胆于坐[7],坐卧即仰胆,饮食[8]/亦尝胆也。曰:“女[9]忘会稽之耻邪?[10]”身[11]自耕作,夫人自织;食不加肉,衣不重采[12];折节[13]下贤人,厚遇[14]宾客;振贫[15]吊[16]死,与百姓/同其劳。

(选自《史记》)

【注释】①卧薪尝胆:指睡在柴草上,尝着苦胆。卧:睡。薪:柴草。②吴:指春秋时吴国国王夫差。③赦:赦免。免除或减轻处罚。④越:指春秋时越国的国王勾践。⑤反:同“返”,返回。公元前494年,吴国打败了越国,越王勾践入吴,为吴王养马三年,后被放回。⑥苦身:用自己的身体体验艰苦。⑦坐:通“座”,座位。⑧饮食:吃喝。⑨女:同“汝”,你。⑩会稽之耻:指越王被吴王围困于会稽山。会稽:山名,在今浙江绍兴。⑪身:亲身,亲自。⑫重采:多种色彩的华丽衣服。采:通“彩”。⑬折节:降低自己的身份,曲己从人。⑭厚遇:厚待。⑮振贫:救济贫民。“振”同“赈”,救济的意思。⑯吊:慰问、祭奠。

【译文】吴王赦免越王后,越王勾践返回越国,于是(他)亲身体验痛苦,深深地反思,把苦胆放在座位旁,坐的地方、睡的地方抬头就能看到苦胆,吃饭喝水也要尝尝苦胆。说:“你忘记会稽失败的耻辱了吗?”他亲自耕作,夫人亲自织布;吃饭不放肉,不穿华丽的衣服;降低身份礼待贤士,厚待宾客,救济穷人,与百姓同劳苦。

【主题】这个历史故事现在已成为成语,比喻刻苦自勉,发愤图强;还说明有志者事竟成。

二、基础专题训练

1. 朗读《子罕不受玉》《卧薪尝胆》,注意句中恰当停顿,把文章读得顺畅、流利。

2. “子罕置诸其里”这句话最恰当的译文是(　　)。

A. 子罕安排这个献玉的人回家自己的家乡去

B. 子罕把这个献玉的人送回他自己的家乡

C. 子罕把这个献玉的人安置在子罕自己的家乡

3. 翻译下面的句子。

(1)小人怀璧,不可以越乡。纳此以请死也。

____

____

(2)身自耕作,夫人自织;食不加肉,衣不重采。

____

____

怎样说说文言短文的主要内容?

在小学的文言文考查中,常要求说说文章主要写了什么。这“主要写了什么”,就是文章的主要内容。小学生概括文言短文最好的方法,就是利用文章的题目来概括。因为不少文言短文的标题目如《女娲造人》《后羿射日》《子罕不受玉》,标题本身就是文章内容的高度概括。具体概括的方法是先把标题意思读懂,再根据文章把标题扩充成一句或几句意思完整的话。比如,《鹬蚌相争》的主要内容,就可利用文题概括成:本文写鹬蚌相争,互不相让,最后两败俱伤,让渔翁得利的故事。

概括主要内容,语言要简洁、通顺,一般一两句话即可。

一、文言文阅读积累

身无长物[1]

王恭[2]从会稽[3]还,王大[4]看之。见其[5]坐六尺簟[6],因[7]语[8]恭:“卿[9]东来,故应有此物,可以[10]一领[11]及[12]我。”恭无言。大去后,即举[13]所坐者[14]送之[15]。既[16]无余席,便坐荐[17]上。后大闻之[18],甚惊,曰:“吾本谓[19]卿多,故求耳[20]。”对[21]曰:“丈人[22]不悉恭,恭作人无长物。”

(选自《世说新语》)

【注释】①长(cháng)物:多余的东西。长:多余,剩余。②王恭:字孝伯,太原晋阳(今山西太原)人,曾官为前将军。③会(kuài)稽:古地名,今浙江绍兴。④王大:人名,王恭的叔叔。⑤其:代词,他,指王恭。⑥簟(diàn):竹席。⑦因:是,就。⑧语:对……说。⑨卿(qīng):你,古代对人的尊称。⑩可以:可以用来。以:用来。⑪一领:一张。⑫及:给。⑬举:拿,把。⑭所坐者:指坐的席。⑮之:代词,他,指王大。⑯既:已经。⑰荐:草垫。⑱之:代词,指这件事。⑲谓:以为。⑳耳:助词,无义。㉑对:回答,回答说。㉒丈人:古代对老年男子的尊称,可译为“您”。

【译文】王恭从会稽回来,王大去看望他。(王大)看到他坐在一张六尺长的竹席上,就对他说:“你从东边回来,所以应该有(领)这样的竹席,能送给我一张吗?”王恭没有说话。王大离去以后,(王恭)马上就把自己坐的这张竹席送给王大。后来王大听说了这件事,很吃惊,说:“我本来以为你那里多,所以才要求的。”王恭回答说:“您不大了解我,我王恭平时从来没有多余的东西。”

【主题】这个故事赞扬王恭为官清廉、节俭和为人慷慨的品质。

伯牙[1]绝[2]弦

伯牙善鼓[3]琴，锺子期[4]善听。伯牙鼓琴，志在高山[5]，锺子期曰："善哉[6]，峨峨[7]兮[8]若[9]泰山！"志在流水[10]，锺子期曰："善哉，洋洋[11]兮若江河！"伯牙所念[12]，锺子期/必/得之[13]。子期死，伯牙谓[14]/世再无知音[15]，乃[16]破琴绝弦，终身不复[17]鼓。

（选自《列子》）

【注释】①伯牙：相传是春秋时期楚国的音乐家，最善于弹琴。②绝：断绝。③鼓：弹。④锺子期：名徽，字子期，春秋楚国人，相传是个樵夫。⑤志在高山：心里想到高山。⑥善哉：即"好啊"。善：好。哉：语气词，表示感叹。⑦峨峨：高耸的样子。⑧兮：语气词，相当于"啊"。⑨若：像……一样。⑩志在流水：心里想到河流。⑪洋洋：广大。⑫念：心里所想的。⑬必得之：一定能获得它。⑭谓：认为，以为。⑮知音：理解自己音乐的人，后来引申为理解自己的心意，有共同语言的人。⑯乃：就。⑰复：再。

【译文】伯牙擅长弹琴，锺子期善于倾听琴声。伯牙弹琴时，心里想到了高山，锺子期说："好啊，我听了仿佛看见巍峨的泰山屹立在我眼前！"伯牙弹琴心里想到了流水，锺子期说："好啊，宛如一望无际的江河在我面前流动！"总之，伯牙弹琴时心里想到什么，锺子期就能道出他的心声。锺子期去世后，伯牙觉得世上再也没有知音了，非常伤心。于是，他摔破了琴，挑断了琴弦，决定终身不再弹琴。

【主题】这个故事给人的启示是友情宝贵，而真挚的友情来自相互的了解和心有灵犀。

二、基础专题训练

1. 正确朗读《身无长物》《伯牙绝弦》，注意句中恰当停顿，把文章读得顺畅、流利。

2.《身无长物》的主要内容是（　　）。

A. 王恭从会稽做官回来，王大向他讨要一张竹席。王恭身无长物，就把自己坐的一个张席送给了王大

B. 王恭从会稽回来，王大见他坐的一张竹席很好，以为王恭做官，肯定很富有，会有很多这样的竹席，所以就向他讨要竹席。后来，王恭就把自己坐的竹席送给他

3. 用几句话说说《伯牙绝弦》的主要内容。

____

____

____

4. 背诵《伯牙绝弦》。

怎样说说文言短文的主题？

小常识五

小学的文言文考查，还常要求说说文章说明了什么道理，或者说说表现了什么、批评了什么，等等，这就要求归纳文章的主题。一般来说，写人写事文章的主题，可用“表现了什么”“赞扬了什么”“讽刺了什么”“告诉我们什么”这样的例式来归纳。

比如，下面《田忌赛马》是写人记事的。所以它的主题就可概括为：这个故事告诉人们，做事要动脑筋，广开思路。这样，有时看似不可能成功的事，换个方法，可能会有意想不到的结果。对于小学生来说，文言文的主题只要大致说对即可。

一、文言文阅读积累

田忌[1]赛马

田忌数[2]与齐诸公子[3]驰逐[4]重射[5]。孙子见其马足不甚相远，马有上、中、下辈。于是孙子[6]谓田忌曰：“君弟[7]重射，臣能令君胜。”田忌信然[8]之，与王及诸公子逐射千金[9]。及临质，孙膑曰：“今以君之下驷与彼上驷，取君上驷与彼中驷，取君中驷与彼下驷[10]。”既驰[11]三辈毕，而田忌一不胜而再胜[12]，卒[13]得王千金。

（选自《史记》）

【注释】①田忌：战国初期齐国的大将。②数：屡次，多次。③公子：春秋战国时，把诸侯儿子中不能继承王位的称为公子。④驰逐：赛马。⑤重射：下很大赌注的打赌。射：打赌。⑥孙子：即孙膑（bìn），春秋末期著名军事家。⑦弟：同“第”。⑧信然：认为……是正确的。⑨逐射千金：下千金打赌。⑩下驷（sì）：下等马。⑪既：已经。⑫再胜：两次获胜。⑬卒：最终。

【译文】田忌多次与齐国的诸公子赛马，下重金赌胜。孙子注意到他们的马奔跑能力不相上下，并且分上、中、下三等。因此孙子对田忌说：“您只管下大注，臣下必能使您获胜。”田忌相信并答应了他，与齐王诸公子用千金来赌胜。比赛即将开始，孙膑说：“请用您的下等马对他们的上等马，用您的上等马对他们的中等马，用您的中等马对他的下等马。”等三批马都赛完了，而田忌一场不胜两场胜，最终得到了王的千金之赏。

【主题】这篇短文告诉人们：做事要动脑筋，广开思路。这样有时看似不可能成功的事，换个方法，可能会有意想不到的结果。

两小儿辩日

孔子东游[①]，见两小儿辩斗[②]，问其故[③]。一儿曰："我以[④]日始出时去[⑤]人近，而日中时远也。"

一儿以日初出远，而日中时近也。

一儿曰："日初出大如车盖[⑥]，及[⑦]日中则如盘盂[⑧]，此不为[⑨]远者小而近者大乎？"

一儿曰："日初出沧沧凉凉[⑩]，及其日中如探汤[⑪]，此不为近者热而远者凉乎？"

孔子不能决[⑫]也。

两小儿笑曰："孰[⑬]为[⑭]汝[⑮]多知乎？"

（选自《列子》）

【注释】①东游：到东方游历。东：东方。游：游历、游学。②辩斗：争论、明辨。③问其故：问他们为什么争论。其：代词，他们，指两小儿。故：原因、缘故。④以：认为。⑤去：距离。⑥车盖：古时车上的篷盖，用来遮阳挡雨。⑦及：到。⑧盘盂(yú)：盛物的器皿。圆者为盘，方者为盂。⑨为：是。⑩沧(cāng)沧凉凉：形容清凉的感觉。⑪探汤：把手伸向热水里。汤：热水、开水。⑫决：决断，判断，判定。⑬孰(shú)：谁。⑭为：同"谓"，说。⑮汝：你。

【译文】孔子往东方游学时，看到两个小孩在争论，孔子问他们争论的原因。一个小孩说："我认为太阳刚出来时距离人近，而正午时距离人远。"另一个小孩认为太阳刚出来时离人远，而正午时离人近。一个小孩说："太阳刚出来时像个大圆车篷，等到正午时就像个盘子或盂，这不是远处的小而近处的大吗？"另一个小孩说："太阳刚出来时清凉寒冷，等到了正午，它热得像把手伸向热水里。这不正是近的就觉得热，距离远就觉得凉吗？"孔子不能够断定谁是谁非。两个小孩笑着说："谁说你知道的事情多呢？"

二、基础专题训练

1. 朗读《田忌赛马》《两小儿辩日》，注意句中恰当停顿，把文章读得顺畅、流利。

2.《田忌赛马》主题归纳正确的一项是(　　)。

A. 主要表现了田忌赛马的聪明才智

B. 主要表现了田忌与孙膑之间的友谊

C. 启示人们做事要动脑筋，有时换了思路，可能会有意想不到的结果

3.用几句话简要说说《两小儿辩日》的主题。

做文言文感悟类试题时应注意什么？

小常识六

在小学文言文考查中，感悟类试题是常见的。如：读了××一文后，你有什么感悟？如：从××一文中，你得到了什么启发（或启示）等。做这一类的试题时，须注意：

1.首先要把文章读懂。写人的，应搞清楚人物说了什么、做了什么。写事的，要搞清楚写的是什么事。因为所谓“感悟”，就是对人、事的感受。

2.要选感受最深的谈，而且只要谈一点即可，切勿东拉西扯。注意语言简洁，语句通顺。

3.做这类试题，一般可采用“读了××文后，我懂得了”或“给我的启发是”这样的例式来答题。

一、文言文阅读积累

一举三得

祥符①中，禁火②。时丁晋公③主营复宫室，患④取土远，公乃令凿通衢⑤取土，不日⑥皆成巨堑⑦。乃决汴水⑧入堑中，引诸道⑨竹木排筏及船运杂材，尽/自堑中/入至宫门。事毕，却以斥弃⑩瓦砾灰壤实⑪于堑中，复/为街衢。一举/而三役⑫济⑬，计/省费⑭/以亿万计。

（选自《梦溪笔谈》）

【注释】①祥符：宋真宗的年号。②禁火：皇宫中失火。③丁晋公：即丁渭，真宗时的宰相，被封晋国公，故称丁晋公。④患：担心，顾虑。⑤通衢（qú）：大路，四通八达的路。⑥不日：没有几天，意思是很快。⑦巨堑（qiàn）：又大又深的沟。⑧汴（biàn）水：汴河。⑨诸道：各个地方。道，当时的行政区域名。⑩斥（chì）弃：丢弃。⑪实：填埋。⑫三役：三件事，即指填土、运料、回填渣土等三件事。⑬济：完成。⑭省费：节省费用。

【译文】祥符年间，皇宫中失火。当时丁晋公主管修复（被烧毁）的宫室，顾虑取土很远，丁晋公下令挖大路取土，没过几天，（大路）都成了又大又深的土沟。（丁晋公）就令掘开汴河，引汴河水至沟中，再让各地的竹木排筏及船运送（各种建材），（各种建材）便顺着这些水沟被运进宫中。运完以后，再将废弃的瓦砾灰壤等填埋于沟中，重新成为街巷道路。这一举措完成了填土、运料、回填渣土等三项任务，省下来的经费要以亿万来计算。

学弈[1]

弈秋[2]，通国之善弈者也[3]。使[4]弈秋诲[5]二人弈，其一人专心致志，惟弈秋之为听[6]；一人虽听之，一心以为有鸿鹄[7]将至，思援[8]弓缴[9]而射之。虽与之俱学[10]，弗若之矣[11]。为是其智弗若与[12]？曰：非然[13]也。

（选自《孟子》）

【注释】①学弈（yì）：学下棋。弈：下棋（围棋）。②弈秋：秋，人名，因善于下棋，所以称弈秋。③通国之善弈者也：全国最善于下棋的人。通：全。之：的。④使：让。⑤诲：教导。⑥惟弈秋之为听：只听弈秋的教导。之为：语气助词，无意义。⑦鸿（hóng）鹄（hú）：天鹅（大雁）。⑧援：引，拉。⑨弓缴（zhuó）：弓箭。⑩与之俱学：与他一起学习。之：他。俱：一起、一同。⑪弗（fú）若之矣：比不上另外一个人。弗若：比不上。之：他。⑫其智弗若与：能说这是因为他的智力比别人差吗？与：语气词，表示疑问。⑬非然：不是这样。

【译文】弈秋是全国最会下棋的人。让弈秋教两个人下棋，其中一个人专心致志，只听弈秋的教导；而另一个人虽然在听着，（可是他）心里总以为有天鹅要飞过来，想拿弓箭去射天鹅。虽然他同前一个人一起学习，却学得不如前一个。能说这是他的聪明才智不如前一个人吗？（我）说：不是这样的。

【主题】这个故事告诉人们，做事要认认真真，专心致志，不可三心二意。

二、基础专题训练

1. 朗读《一举三得》《学弈》。注意把文章读得顺畅、流利。
2. 翻译下列一段话。

虽与之俱学，弗若之矣。为是其智弗若与？曰：非然也。

____

____

____

3.《一举三得》中“一举”指的是哪“一举”？“三得”指的是哪“三得”？

____

____

____

4. 请你简要说说读了《学弈》一文后的感悟。

____

____

____

5. 背诵《学弈》。

做文言文评价类试题时，应注意什么？

所谓评价类试题，就是评价文言文中人物言行或文章主题的试题。比如下面两个试题就是评价类的试题：(1)《欧阳修论作文》中说，“疵病不必待人指摘，多作自能见之”，你同意这话吗？请说说理由。如：(2)《赵广拒画》中的“赵广拒画”做得对吗？请谈谈你的看法。

回答这类问题，须注意：

1. 态度要明确，对，还是不对；同意，还是不同意，都要态度明确，不能含糊，模棱两可。

2. 答题可分两部分，前一部分讲态度，后一部分讲理由，同时还可用“因为……所以……”这样的句式。如上面第(2)个问题就可这样回答：我认为赵广做得对，因为在敌人的胁迫下作画，就丧失了民族气节。所以不能为贼人作画。

3. 做评价类试题，一般也只要一两句话即可。

一、文言文阅读积累

幽王①击鼓

周宅丰、镐②，近戎③。幽王与诸侯约：为④高堡⑤于王路⑥，置鼓其上，远近相闻。即戎寇至，传鼓相告，诸侯之兵皆至救天子。

戎寇尝⑦至，幽王击鼓，诸侯之兵皆至。褒姒⑧大说⑨。幽王欲褒姒之笑也，因数⑩击鼓。诸侯之兵皆数至而无寇。

至于后戎寇真至，幽王击鼓，诸侯兵不至。幽王乃死于骊山⑪之下，为天下笑。

（选自《吕氏春秋》）

【注释】①幽王：即周幽王，西周王的第十二代君王。②周宅丰、镐(gǎo)：周朝建都在丰、镐(今陕西长安县内)。宅：定都。丰，镐：古代地名。③戎(róng)，即西戎。西方的少数民族。④为：修建。⑤高堡：土台。⑥王路：大路。⑦尝：曾经。⑧褒(bāo)姒(sì)：周幽王的宠妃。⑨说：通“悦”，喜悦，快乐。⑩数：多次，屡次。⑪骊山：山名，在今陕西省临潼县西南。

【译文】周朝建都在丰、镐，靠近西戎。周幽王与诸侯约定，在大路上修建高堡，把鼓放在上面，使远近都能听见。戎寇来了，就击鼓传告消息，诸侯的兵马全部到了，来救周幽王。

戎寇曾经到过，幽王击鼓，诸侯的兵马都来了。褒姒很开心。幽王想看褒姒的笑，因而多次击鼓。诸侯的兵马都多次来过，但并没有戎寇来。到后来戎寇真的来了，幽王击了鼓，（可是）诸侯的军队都不来了。幽王后来被杀于骊山下，被天下人耻笑。

蜀鄙二僧[1]

蜀之鄙有二僧，其[2]一贫，其一富。贫者语[3]于富者曰："吾欲之[4]南海[5]，何如[6]？"富者曰："子[7]何恃[8]而往？"曰："吾一瓶一钵[9]足矣。"富者曰："吾数年来欲买舟而下[10]，犹[11]未能也。子何持而往！"越明年[12]，贫者自南海还，以告[13]富者。富者有惭色。西蜀之去[14]南海，不知几千里也，僧富者不能至，而贫者至焉。人之立志，顾[15]不如蜀鄙之僧哉？

（选自《白鹤堂集》）

【注释】①蜀（shǔ）鄙（bǐ）二僧（sēng）：四川边远地区的两个和尚。蜀：四川。鄙：边远地区。僧：和尚。②其：其中。③语：告诉。④之：往。⑤南海：这里指普陀山，今属浙江舟山，为佛教圣地。⑥何如：如何，怎么样。⑦子：你，古时对对方的尊称。⑧何恃：即"恃何"，凭借什么。恃：倚恃，倚仗。⑨钵（bō）：和尚化斋用的碗。⑩买舟南下：雇船沿江而下。⑪犹：还、尚且。⑫越明年：到了第二年。⑬以告：以（之）告，即把已去过南海的事告诉富者。⑭去：距离。⑮顾：反而。

【译文】四川的偏远山区有两个和尚，其中一个贫穷，一个富有。有一天，穷和尚对富和尚说："我想去南海（朝佛），你看行吗？"富和尚说："你依靠什么去呢？"穷和尚说："我只要一只水瓶和一个饭钵就够了。"富和尚不以为然："我几年前就想雇条船下南海，到现在还没去成。你依靠什么呢？"可第二年，穷和尚竟然从南海朝佛回来了。（他把自己的云游经过）讲给富和尚听。富和尚听了，惭愧得羞红了脸。从四川到南海，不知道有多远，富和尚不能到达南海，而穷和尚却能到达。人们的立志，难道还不如四川的那位穷和尚吗？

二、基础专题训练

1. 正确朗读《幽王击鼓》《蜀鄙二僧》，注意把文章读得顺畅、流利。
2. 翻译下面一段话。

至于后戎寇真至，幽王击鼓，诸侯兵不至。幽王乃死于骊山之下，为天下笑。

____

____

3. 简要说说《幽王击鼓》的主题。

4. 请对《蜀鄙二僧》中“富僧”的行为做个评价。

第 八 单 元

走进初中的文言文学习

一、学习目标

1. 了解初中文言文学习的要求与大致内容。

2. 阅读初一(上)的三篇文言文,试做教材安排的练习。

二、单元学习提示

安排本单元,是为了让小朋友提前对初中的文言文学习有所了解,以便实现中、小学文言文学习的顺利衔接。

本单元的三篇文言文,都是现行统编版初一(上)语文教材中的课文,文后的练习题也是这些课文后的原题。从习题看,初中的文言文学习,明显比小学的难多了。展示这些习题,主要是为了小朋友对初中的文言文学习有一个感性的认识,如果不会做,可以不做。

此外,本单元的文言文,虽然文后都没有背诵的要求,但在初中的实际教学中,凡是课内的文言文,一般毫无例外,都是要求学生背诵的。

初中的文言文学习是怎样的？

初中的文言文学习，是在小学文言文学习的基础上进行的。教育部制定的课标对初中文言文学习的具体要求如下：

1.阅读浅显文言文，能借助注释和工具书理解基本内容。注重积累、感悟和运用，提高自己的欣赏品位。

2.评价学生阅读浅易文言文的能力，重点考查学生的记诵积累，考查他们能否凭借注释和工具书理解诗文大意。

与小学相比，初中的文言文学习要求更高、难度更大，阅读、训练更系统、更规范、更严谨，内容更丰富，所学知识更全面。

学生在初中阶段，课内要学五十二篇文言文，平均每学期九篇左右。文言文考查的比重，一般都占初中语文考查卷面分的25%左右。

初一(上)课文选读

陈太丘与友期行①

陈太丘与友期行，期日中②，过中不至，太丘舍去③，去后乃至④。元方⑤时年⑥七岁，门外戏。客问元方："尊君在不⑦？"答曰："待君久不至，已去⑧。"友人便怒："非人哉⑨！与人期行，相委而去⑩。"元方曰："君与家君期日中。日中不至，则⑪是无信⑫；对子骂父，则是无礼。"友人惭，下车引之，元方入门不顾⑬。

（选自《世说新语》）

【注释】①陈太丘：即陈寔(shí)，字仲弓，东汉颍川许县(今河南许昌)人，做过太丘(县名)县令。期行：约定时间一起出行。②期日中：约定的时间是正午。日中，正午时分。③舍去：不再等候而离开了。去：离开。舍：舍弃。④乃至：(友人)才到。乃：才。⑤元方：即陈纪，字元方，陈寔的长子。⑥时年：当年。⑦尊君在不：你父亲在吗？尊君：对别人父亲的尊称。不：通"否"，句末语气词。⑧已去：已经离开了，走了。⑨非人哉：不是人啊！哉：语气词，表感叹。⑩相委而去：丢下别人走了。相：副词，用在动词前，表示一方对另一方的动作。委：丢下、舍弃。⑪则：就是。⑫信：信用，诚信。⑬顾：回头看。

思考探究

一、朗读课文，体会文言文和现代汉语的不同，并用自己的话讲述这两个故事。

______

二、《陈太丘与友期行》出自“方正篇”。方正，指人行为、品性正直，合乎道义。文中哪些地方能够体现出陈元方的“方正”？

______

积累拓展

三、解释下列句中加点的词。

1. 太丘舍去，去后乃至。

______

2. 与人期行，相委而去。

______

穿井[1]得一人

宋[2]之丁氏[3]，家无井，而出溉汲[4]，常一人居外。及[5]其家穿井，告[6]人曰：“吾穿井得一人。”有闻[7]而传[8]之者曰：“丁氏穿井得一人。”国人[9]道之[10]，闻之于宋君[11]。宋君令[12]人问之于丁氏[13]。丁氏对[14]曰：“得一人之使[15]，非得一人于井中也。”求闻之若此，不若无闻也。

（选自《吕氏春氏》）

【注释】①穿井：挖井、打井。穿：挖掘、开凿。②宋：西周及春秋战国时期的诸侯国，在今河南商丘一带。③氏：姓。古代姓和氏有区别，氏从姓分出，后来不分了，姓、氏可以混用。④溉汲：打水浇田。溉：浇灌、灌溉。汲：从井里取水。⑤及：待、等到。⑥告：告诉。⑦闻：听到。⑧传：传播、传布。⑨国人：指居住在国都中的人。⑩道之：讲述这件事。道：讲述。之：代词，指穿井得一人这件事。⑪闻之于宋君：使宋国的国君知道这件事。闻：知道、听说。这里是“使知道”的意思。⑫令：派。⑬问之于丁氏：向丁氏问这件事。问：询问。于：介词，向。⑭对：应答，回答。⑮得一人之使：得到一个人使唤，指得到一个人的劳力。

思考探究

一、从《穿井得一人》中，你获得了怎样的启示？生活中为获得真知真见，避免道听途说，应该怎么做？与同学讨论一下。

积累拓展

二、解释下列句中加点的词。

1. 有闻而传之者……

____

2. 国人道之，闻之于宋君。

____

狼[①]

蒲松龄

一屠[②]晚归，担中肉尽，止[③]有剩骨。途中两狼，缀行甚远[④]。

屠惧，投以骨[⑤]。一狼得骨止，一狼仍从[⑥]。复投之，后狼止而前狼又至。骨已尽矣，而两狼之并驱如故[⑦]。

屠大窘[⑧]，恐前后受其敌[⑨]。顾[⑩]野有麦场，场主积薪[⑪]其中，苫蔽成丘[⑫]。屠乃奔倚其下，弛[⑬]担持刀。狼不敢前，眈眈相向[⑭]。

少时[⑮]，一狼径去[⑯]，其一犬坐于前[⑰]。久之，目似瞑[⑱]，意暇甚[⑲]。屠暴[⑳]起，以刀劈狼首，又数刀毙之[㉑]。方欲行，转视积薪后，一狼洞其中[㉒]，意将隧[㉓]入以攻其后也。身已半入，止露尻[㉔]尾。屠自后断其股，亦毙之。乃悟前狼假寐[㉕]，盖[㉖]以诱敌。

狼亦黠[㉗]矣，而顷刻[㉘]两毙，禽兽之变诈几何哉[㉙]？止增笑耳[㉚]。

（选自《聊斋志异》）

【注释】①原文共三则，这里选的是第二则。②屠：这里指屠户，即以宰杀牲畜为职业的生意人。③止：通“只”。④缀(zhuì)行甚远：紧跟着走了很远。缀：

连接，这里是紧跟的意思。⑤投以骨：就是“以骨投之”。⑥从：跟从。⑦两狼之并驱如故：两只狼像原来一样一起追赶。并：一起。故：旧，原来。⑧窘(jiǒng)：困窘，处境危险。⑨敌：敌对，这里是胁迫、攻击的意思。⑩顾：回头看，这里指往旁边看。⑪积薪：堆积柴草。⑫苫(shān)蔽成丘：覆盖成小山似的。苫蔽：覆盖、遮蔽。⑬弛(chí)：放松，这里指卸下。⑭眈眈(dān dān)相向：瞪眼朝着屠户。眈眈：注视的样子。⑮少(shǎo)时：一会儿。⑯径去：径直走开。⑰犬坐于前：像狗似的蹲坐在前面。⑱瞑(míng)：闭眼。⑲意暇甚：神情很悠闲。意：这里指神情、态度。暇：空闲。⑳暴：突然。㉑毙：杀死。㉒洞其中：在其中打洞。洞：打洞。其：指柴草堆。㉓隧：指从柴草堆中打洞。㉔尻(kāo)：屁股。㉕假寐：假装睡觉。寐：睡觉。㉖盖：承接上文，表示原因。㉗黠(xiá)：狡猾。㉘顷刻：一会儿。㉙禽兽之变诈几何哉：禽兽的欺骗手段能有多少啊。变诈：作假、欺骗。几何：多少，这里是能有几何的意思。㉚止增笑耳：只是增加笑料罢了。

思考探究

一、课文主要写了屠户与狼斗智斗勇的经过。朗读课文，说说其间经历了哪几次交锋。

二、找出能概括文章中心的语句，说说这个故事告诉我们什么道理。

积累拓展

三、解释下列句中加点的词。

1. 狼不敢前，眈眈相向。

____

2. 一狼径去，其一犬坐于前。

____

3. 一狼洞其中，意将隧入以攻其后也。

____

四、下面是一些与狼相关的成语，你能再列举出几个来吗？从这些成语来看，在中国传统文化中，狼的形象是怎样的？你如何看待狼的这种传统形象？

狼狈为奸　　狼奔豕突　　如狼似虎　　狼吞虎咽

狼心狗肺　　狼子野心　　鬼哭狼嚎　　引狼入室

五、发挥想象，将本文改写成一则白话故事。注意充实内容，增加对人物语言、动作、心理等的描写。

附：参考答案

第一单元

盘古开天地　1. zhuó zhǎng　hún dùn yù　2.(1)×(2)×(3)√(4)√(5)√(6)√

女娲补天　2.(1)√(2)√(3)×(4)√(5)√　3. 往古之时……鸷鸟攫老弱

精卫填海　1.(1)×(2)√(3)√(4)√(5)√　2. jiū　zhè　yān　huì　jiào　nì　xián　yān　3. B

后羿射日　1.(1)√(2)×(3)√(4)√(5)×　2.(1)焦禾稼，杀草木，而民无所食　(2)万民皆喜

嫦娥奔月　1.(1)√(2)√(3)√(4)×　2. 怅然有丧：茫然若失。　无以为继：难以再这样下去。

钻木取火　上善若水　3.(1)9　钻燧　(2)穿　(3)指有修养的人

夸父逐日　神农化民　2.(1)①使人们改变了生活习惯　②他很渴，想喝水　(2)①未至，道渴而死　②人民众多，禽兽不足　(3)①皆食禽兽肉　②化成邓林

女娲造人　共工怒触不周山　3.(1)√(2)√(3)√(4)×　4. 表现了被称为人类之母女神女娲的智慧、勤劳和伟大，从中也反映出古人对人类自身来源的好奇和探索

矛与盾　为无为　2.(1)没有　穿透　(2)我的　锋利　(3)希望得到　3.(1)用你的矛刺你的盾，会怎么样呢？　(2)正因为圣人始终不盲目追求大的贡献，所以才做成了大事。　(3)那个人无法回答了。

第二单元

刻舟求剑　人有亡鈇者　1.(1)shè　zhuì　(2)jù　qì　(3)hú　fū　3. 事情在发展变化，我们处理问题的方法自然也要灵活，随机应变。

南辕北辙　《论语》选读(一)　3. C　4.(1)④　(2)①　(3)③　(4)②

朝三暮四　长竿入城　3.(1)至于/……(2)魏文侯/……(2)夫/……　4. 不会动脑筋，不知变通

掩耳盗钟　按图索骥　1. chuí　kuàng　jù　wù　bèi　jì　lú　3. C

北人食菱　《论语》选读(二)　1.(1)hào　lè　(2)líng　shì　2. 北人/生/而/不识菱者，仕/于南方　席上/啖菱，并壳/入口。　我/非不知，并壳者，欲/以去热也。　学/而不思/则罔，思/而不学/则殆　3. A

狐与葡萄　阿豺折箭　2. 昔/有一狐，见/葡萄满架，万紫/千红，累累/可爱，

垂涎/久之。 汝曹/知否？单者/易者，众者/难摧。 3.恶已自闻之，悖矣——要读得短促，读出感叹的语气 汝曹知否——要读出问的语气 汝等奉吾一只箭，折之地下——要用命令的语气读 4.(1)无奈，没有办法 攀爬 (2)况且它，指葡萄 (3)你 箭 (4)合力，协力 代指国家

第三单元

守株待兔 叶公好龙 2.(1)√(2)√(3)√ 3.①③② 4.(1)施尾于堂 (2)冀复得兔

揠苗助长 《劝学》选读 2.其子/趋/而/往视之，苗/则槁矣。学/不可以/已。青，取之于蓝，而/青于蓝。 4.(1)√(2)√(3)√

鹬蚌相争 得过且过 2.“今日/不出，明日/不出，即有/死鹬！”两者/不肯相舍，渔者/得/而并禽之 五台山/有鸟，名/寒号虫。当盛暑时，文采/绚烂，乃/自鸣曰：“凤凰/不如我！” 3.(1)√(2)×(3)√(4)√ 4.雨 yǔ yù

买椟还珠 舍生取义 1.亦/我所欲也。二者/不可得兼，舍鱼/而/取熊掌者也。 3.(1)B (2)C 4.薰 熏 气味或烟气接触物品；辑 缉 连缀

第四单元

螳螂捕蝉 涸泽之蛇 1.螳螂/委身曲附，欲/取蝉，而/不知/黄雀/在其傍边。不如相衔/负我以行，人以我/为神君也。 2.(1)实词 (2)虚词 (3)黄雀在后 (4)小蛇 3.(1)身体 (2)一定 眼前 (3)干涸 迁徙 (4)你 跟随

滥竽充数 教学相长 1.宣王/死，湣王/立，好/一一听之。处士/逃。虽/有嘉肴，弗食/不知其旨也 2.(1)√(2)√(3)×(4)× 3.(1)即使 佳肴 (2)所以、因此 困惑、不懂 4.没有真才实学，混在行家队伍里冒充，也指以次充好。

狐假虎威 郑人买履 1.兽/见之/皆走。虎/不知兽畏己/而走也，以为/畏狐也。 郑人/有/欲买履者，先自度/其足，而/置之其坐。 2.(1)×(2)√(3)√ 3.(1)坐 zuò 座 座位 (2)遇事要思考，要透过现象看本质，避免受骗上当。(3)为什么不用你的脚去试试鞋呢？

画蛇添足 画龙点睛 蛇/固无足，子/安能/为之足？ “点之/即飞去。”人/以为诞，因/点其一。 2.(1)①C ②A ③B (2)①B ②A 3.D

子路负米 杨氏之子 1.虽/欲食/黍薯之食，为亲/负/百里之外，不可得也。 儿/应声答曰：未闻/孔雀/是/夫子家禽。 2.C 3.C

第五单元

王冕好学　凿壁偷光　1.“心痴/如此，曷不/听其所为?”冕/因去，依/僧寺，夜/坐佛膝上，映长明灯/读书。　愿得主人书/遍读之。　资/给以书，遂/成/大学。　2.(2)√　3.(1)(儿子)这样痴迷读书，为什么就不让他这样做呢？(2)匡衡给他雇佣劳作，不要报酬。

薛谭学讴　猩猩好酒　1.A　2.反 返 返回　(2)去 离开 离开所在地方到别处　(3)乃饮其味，逮乎醉，因取屐而著之

曹冲称象　熟读精思　1.称物/以载之，则/校可知。太祖/悦，即/施行焉。读书千遍/，其义/自见。谓/读得熟，则/不待解说，自晓/其义也。2.(1)√(2)√(3)√(4)×　3.A

王积薪闻棋　欧阳修论作文　1.B　2.B　3.(1)于(2)为(3)于　4.惟勤读书而多为之

第六单元

孔融让梨　家诫　1.融/四岁，与兄/食梨，辄/引/小者。人/问其故，答曰：“小儿，法/当取小者。”　玉/不琢，不/成器；人/不学，不/知道。然/玉之为物，有/不变之常德，虽/不琢/以为器，而/犹不害为玉也。　2.A　3.(1)父宙，泰山都尉　(2)虽不琢以为器，而犹不害为玉也　4.不学，则　舍君子而为小人

道旁苦李　预浩造塔　1.D　2.(1)规划、设计　(2)所有　(3)曾经　(4)原来　3.(1)树长在路边而有那么多李子，这一定是苦李子。(2)塔当初建成时，望过去塔身不正，而且向西北倾斜。(3)京城地平无山，而多西北风，这样吹用不了一百年，塔身就会正了。

弃书捐剑　拾金不昧　1.一人/敌，不足/学，学/万人敌。　“拾金/而人不知，皆/我物也，何利/此数金乎?”其人/谢而去。　2.D　3.(1)B(2)A(3)C　4.(1)他不敢和家里人说起这件事，担心家里人会让他把拾到的银子留下来。(2)项籍年少时，学习写字、识字，没有学成就放弃了；学剑，又没有学成。(3)但略微懂得一些兵法的大意，又不肯深入学习下去。(4)我拾到银子而没人知道，这些就都算是我的东西了。

赵广拒画　《颜氏家训》选读　1.广/毅然辞/以实不能画。胁/以白刃。不从，遂/断右手拇指/遣去。　行诚孝/而见贼，履仁义/而得罪，丧身/以全家，泯躯/而济国，君子/不咎也。　2.(1)敌人听说他擅长画画，让他画抢来的妇女。(2)一旦有一天流离失所，就没人保护你，只好依靠自己。　3.B

第七单元

铁杵磨针　陶母责子　2.C　3.(1)陶侃年轻时做过管理河道与渔业的官吏，曾经派差役把一坛腌制的鱼送给母亲享用。　(2)李白笑她愚笨，老婆婆说：

“功夫到了，自然就会成功。” 4.B

刮骨疗毒 破瓮救友 2.到 在 对于 代词，指《左氏春秋》指瓮 指臂 3.(1)代词，这 放下 (2)给 知道 大意，主要内容 (3)这样以后 语气词，表肯定 4.如 闻讲 爱 即

子罕不受玉 卧薪尝胆 2.C 3.(1)让我怀揣着宝玉，外乡也不敢去。请你收纳宝物来避免我的杀身之祸。 (2)他亲身耕作，夫人亲自织布；吃饭不放肉，不穿华丽的衣服。

身无长物 伯牙绝弦 2.A 3.伯牙擅长弹琴，锺子期善于倾听琴声。钟子期去世后，伯牙觉得世上再无知音，于是摔破了琴，挑断了琴弦，决定终身不再弹琴。

田忌赛马 两小儿辩日 2.C 3.这个故事表现和赞扬了两小儿独立思考、敢于质疑的精神；也说明学无止境，谁都需要有虚心好学的精神。

一举三得 学弈 2.虽然他同前一个人一起学习，却学得不如前一个人。能说这是他的聪明才智不如前一个人吗？(我)说：不是这样的。3.“一举”指挖大路取土。“三得”指的是把大路挖成了又大又深的沟，引水至沟中，变成了河；通过这条河用竹木排筏把各种建材运进来；再把废弃瓦砾填埋进沟中，又成了大路。

幽王击鼓 蜀鄙二僧 2.到后来戎寇真的来了，幽王击了鼓，(可是)诸侯的军队都不来了。幽王后来被杀于骊山下，被天下人耻笑。3.这个故事告诉人们：要讲诚信，戏弄别人，丢掉诚信，只会害人害己。

第八单元

陈太丘与友期行 二、陈太丘仍照约会行事，当他的朋友失约时，他决然舍去。七岁儿童元方也懂得交友以信的道理。他们身上体现的是古人崇尚的“诚信”理念。陈太丘的这位朋友，自己言而无信，失了约不自省，反而怒骂别人；陈元方据理辩驳，小小年纪就表现出“方正”之气：第一，他懂得“信”的重要；第二，他懂得“礼”的重要；第三，他的辩驳有理有据，落落大方；第四，他以“入门不顾”的行为，维护了父亲和自己的尊严。 三、1.离开 才 2.约定 丢下、舍弃

穿井得一人 二、1.听到 2.讲述 知道，听说

狼 一、课文中间的三段写了这三次交锋。第一次：屠夫惧怕并且“投以骨”，不管用，狼仍跟随；第二次：屠夫背倚麦秸垛，“弛担持刀”，与两狼对峙；第三次：屠夫奋起，杀死二狼。 二、“狼亦黠矣，而顷刻两毙，禽兽之变诈几何哉？止增笑耳。” 三、1.前进 2.像犬一样 3.打洞 指从柴草堆中打洞 四、大都是贬义词，体现了汉文化对狼的排斥。